이력서

이름	(한글)	하현		지원 부분	
출생연도	(영문)	Ha Hyun			
연령	만 34세	1991		희망 근무지	

졸업년월		학교명	전공	성별		희망 연봉	회
2007년	2월	ㅈ고등학교		여			
2012년	2월	ㄱ예술대학교	영화연출과				

자격사항 / 자격증
- 컴퓨터그래픽스운용기능사
- 컴퓨터활용능력 2급
- CS Leaders 관리사

기간	회사명	비고
2010.01~2010.06	배스킨라빈스 장항호수점	
2010.06~2010.08	어린이 체험전 "헬로! 아마존"	
2010.09~2011.03	동네 빵집	
2011.06~2011.07	홈플러스 일산점	O식품 냉장두유
2011.09~2012.12	홈플러스 일산점	와인 코너
2012.01~2012.01	하나로마트 고양점	경O법주 설 세트
2012.03~2012.03	하나로마트 고양점	OO생활건강 세탁세제
2012.05~2012.09	하나로마트 고양점	소형 가전제품 코너
2013.02~2013.04	광고대행사 O책	
2013.08~2013.08	OO병원 강동	
2013.09~2014.03	키즈앤OO(어린이 직업체험관)	
2014.04~2015.01	마OO트 스튜디오(공유오피스/카페)	
2015.01~2015.02	홈플러스 일산점	
2015.03~2016.07	태O 태권도(태권도장&키즈카페)	
2017.01~2017.09	하나로마트 고양점	동O식품/포스트
2019.01~2019.02	하나로마트 고양점	
2019.04~2020.03	하나로마트 삼송점/상암점	롯O제과
2020.06~2020.06	이마트 김포한강점	담O 전통차
2020.07~2021.03	이마트 김포한강점	남O유업 프렌치카페
2022~2022.08	이후북스	괴산O협 초당옥수수
2022~2022.03	GS더프레시 김포사우점	델O트 파인애플
~2022.04	GS더프레시 김포사우점	서점
~2022.09	롯데마트 김포한강점	썬O스트 오렌지
~2022.11	이마트 김포한강점	오O기 냉동피자
2022.12	이마트 김포한강점	녹O원 전통차
2023.01	이마트 김포한강점	오O맥주 오스
2023.01	이마트 김포한강점	롯O주류 새O소주
2023.05	롯데마트 김포한강점	디O지오코리아 수입주류
2024.04	고토	롯O칠성음료
2024.05	롯데마트 김포한강점 토이저러스	페OO리카코리아 수입주류
2024.05	홈플러스 김포풍무점	어린이 쿠킹클래스
2024.09	롯데마트 김포한강점	영O업 장난감

위즈덤하우스

일하는 나와 글 쓰는 나 사이
꼭꼭 숨은 내 자리 찾기

하현 지음

어쩌다 마트 일을 시작하게 됐어요?

목차

프롤로그
망한 남자들은 공사장으로 가고
망한 여자들은 마트로 간다　　　　　　　　　　　　6

1장 슬픔과 기쁨을 모르는 어른이 될까 봐
이력서를 쓰려고 했는데 왜 자꾸 변명을 하게 될까　　15
내가 있어야 할 자리는　　　　　　　　　　　　　23
IMF 키드의 까르푸　　　　　　　　　　　　　　30
계획된 우연　　　　　　　　　　　　　　　　　35
한없이 투명에 가까운 유니폼　　　　　　　　　　44
라이트는 파란색　　　　　　　　　　　　　　　49
최고의 예스키즈존　　　　　　　　　　　　　　56
정직원은 소중하니까　　　　　　　　　　　　　64
밥이라는 문제　　　　　　　　　　　　　　　　72
아파서 웃긴 농담　　　　　　　　　　　　　　　78

2장 언니들에게는 있고 나에게는 없는 것
멘트의 기술　　　　　　　　　　　　　　　　　89
상품권보다 더 큰 선물　　　　　　　　　　　　　95
아저씨, 그거 진짜 애국 맞아요?　　　　　　　　103
돈 중의 돈은 내 돈　　　　　　　　　　　　　110
내가 누웠던 자리들　　　　　　　　　　　　　116
옥이 언니　　　　　　　　　　　　　　　　　124
반쪽짜리 마트 사람　　　　　　　　　　　　　134

3장 내가 바라는 희망은 겨우

선명한 현재와 불투명한 미래 사이	143
10만 원의 감각	150
시시한 재능의 쓸모	156
잃어버린 재고를 찾아서	161
그냥 아무거나 줘	167
마트용 자아	175
그래서 나는 뭐가 된 걸까	185

4장 그 시절 내가 지키고 싶었던 것은

그냥 돈 때문에 하는 건데요?	197
좋다가도 밉고, 밉다가도 좋은	209
당신의 아픔을 이해한다는 것	215
보통 날의 이별	223
어떤 비밀	230
그런 행운이 찾아오지 않는다고 해도	237
사직서를 쓰는 마음	244

에필로그

우리 이야기	260

프롤로그   **망한 남자들은 공사장으로 가고
망한 여자들은 마트로 간다**

그날 저녁 메뉴는 김치콩나물국이었다. 활동하는 시간대가 제각각인 우리 가족은 그날그날 상황에 따라 시간 맞는 사람끼리 저녁을 먹곤 했는데, 엄마와 나의 퇴근 시간이 겹칠 때면 김치콩나물국을 자주 끓여 먹었다. 아빠와 동생은 썩 반기지 않지만 우리는 아주 좋아하는 메뉴. 주방에서 풍겨오는 맛있는 냄새를 맡으며 흐뭇하게 때를 기다리던 나는 엄마의 큐 사인이 떨어지자마자 잽싸게 일어나 상을 차렸다.

"너희 아빠는 이 맛있는 걸 왜 안 먹나 몰라."
"그러게 말이야. 석민이도 아빠 닮아서 싫어하잖아."

무럭무럭 김이 나는 국그릇을 앞에 두고 김치콩나물국 맛도 모르는 우리 집 남자들을 흉보며 시작되는 엄마와 나의 저녁 식사시간. 하루의 끝에 찾아오는 익숙한 피로와 적당한 나른함이 예의 바른 손님처럼 식탁 한쪽에 얌전히 앉아 있었다.

엄마는 국을 끓일 때만큼이나 익숙한 손놀림으로 리모컨을 조작해 드라마 다시 보기를 틀었다. KBS 1TV와 2TV, 그리고 MBC를 오가며 매일 세 편의 일일드라마를 시청하는 건 오랜 세월 이어져온 엄마의 중요한 루틴 중 하나다(어째서인지 SBS는 늘 이 흐름에 끼지 못한다). 그 루틴 덕분인지 때문인지, 나도 엄마 옆에서 무수히 많은 드라마를 봤다. 유치하고 촌스럽고 자극적이고 억지스럽지만 그래서 속수무책으로 빠져들게 되는 일일드라마의 세계. 엄마처럼 열혈 시청자는 아니지만 그 세계에서 20년 넘게 서당개 노릇을 해온 나도 이제는 몇 개의 장면, 몇 마디 대사로 놓친 이야기를 얼추 파악할 수 있게 됐다.

"하여간 저게 아주 등신 새끼야. 꼴도 보기 싫어 죽겠어!"

며칠 소홀했던 사이, 우리의 주인공 앞에는 거대한 불행의 파도가 펼쳐져 있었다. 음…… 엄마의 비난 수위로 미루어 보아 이번에는 타격이 꽤 컸나 보군. 너무 많은 사람에게 욕을 먹어 삼백 년쯤 살 것 같은 주인공의 남편은 오늘도 기대를 저버리지 않고 도파민 가득한 대환장 서사를 써나갔다. 아내의 친구와 뻔뻔하게 바람을 피울 땐 언제고 모든 게 들통나니 이제 와서 불쌍한 척하며 아내에게 질척거리는 건 대체 무슨 심보야. 그러거나 말거나 이미 마음을 정리한 주인공은 하나뿐인 아들을 키우기 위해 경제적 자립을 도모하는데, 그 방법은 바로 마트 계산원으로 취직하는 것이었다.

얼마 전까지만 해도 남부러울 것 없이 살던 부잣집 사모님이 갑자기 닥친 시련으로 한순간 '마트 아줌마'로 전락하는 상황. 그건 엄마와 내가 함께 본 드라마에 지겨울 만큼 자주 등장한 클리셰였다. 망한 남자들이 공사장으로 갔다면 망한 여자들은 마트로 갔다. 저마다의 기구한 팔자를 자랑하며 돈도 잃고, 집도 잃고, 사랑도 잃어버린 여자들. 그들은 약속이라도 한 듯 마트로 가서 물건을 계산하거나 냉동 만두 따위를 튀겼다. 너무 지나쳐서 우스울 만큼 비장하고 결연한 태도로.

우리의 숟가락이 멈춘 건 다음 장면에서였다. 자신의 아내가 마트에서 일한다는 사실을 알게 된 불륜남은 한달음에 그곳으로 달려갔다. 그리고 도무지 이해가 되지 않는다는 듯 화를 내며 이렇게 소리쳤다.

"당신이 왜 여기서 이런 일을 해!"

그때 나는 고양시 덕양구의 한 대형마트에서 시식 판촉 사원으로 근무하고 있었다. 오랫동안 해온 일이었고, 특별히 좋아하지는 않지만 잘하는 일이었다. 엄마 역시 일산 서구의 한 기업형 슈퍼마켓에서 계산원으로 일했다. 수십 년 동안 여러 대형마트와 백화점을 거쳐 도착한 곳이었다. 하루 종일 커피 믹스를 팔다 온 나와 계산대 앞에 서서 끊임없이 밀려드는 물건들과 씨름하다 돌아온 엄마. 우리는 잠깐 서로를 바라보다가 누가 먼저랄 것도 없이 푸하하 웃어버렸다. 텔레비전 속 불륜남의 말을 받아친 건 당황한 표정의 주인공이 아니라 엄마였다.

"웃겨, 정말! 이런 일 하는 사람이 따로 있냐!"

우리가 즐겨 보는 드라마에서 이런 일을 하는 사람은 언제나 따로 있었다. 망한 여자들은 마트로 갔지만 결코 그곳에 오래 머무르지 않았다. 돈 많은 남자를 만나 결혼하거나, 사업에 성공하거나, 거리에서 우연히 마주친 곤경에 처한 노인을 도왔는데 마침 그가 쓸 만한 비서를 물색 중이던 대기업 회장이거나……. 이야기의 배경은 빠르게 전환되고, 그들이 마트로 돌아오는 일은 일어나지 않았다.

하지만 우리는 달랐다. 드라마 속 주영 씨와 연희 씨가 새로운 삶을 찾아 마트를 떠나고 그곳에서 있었던 일을 까맣게 잊어버린 뒤에도 우리 엄마 수연 씨와 나, 동료 언니들은 계속해서 마트로 출근했다. 우리는 어제도 오늘도 마트에서 일했고, 내년에도 올해와 다름없이 마트에서 일하게 될 것이었다.

"당신이 왜 여기서 이런 일을 해!"

그날 그 김치콩나물국을 먹으며 처음으로 '이런 일'에 대해 이야기해야겠다고 생각했다. 우리가 왜, 여기서, 이런 일을 하고 있는지 한 번쯤은 공들여 말하고 싶었다. 그런데 머릿속으로 그 대사를 떠올릴 때마다 매번 방점이 다른 곳에 찍혀 혼란스러웠다.

당신이
왜
여기서
이런 일을 해!

어떤 날에는 내가 아는 수많은 '당신'에 대해 말하고 싶다가, 어떤 날에는 닮은 듯 다르고 다른 듯 닮은 우리의 '왜'에 대해 말하고 싶다가, 또 어떤 순간에는 우리가 일하는 '지금, 여기'에 대해 말하고 싶었다. 그리고 이 모든 것을 생각하다 보면 결국 다시 '이런 일'에 대해 이야기하고 싶어졌다.

어떤 말로 시작하면 좋을까 고민하는 동안 몇 년의 시간이 흘렀다. 그 사이 나는 마트 일을 그만두고 잠시 다른 일을 하다가 다시 마트라는 공간으로 돌아왔다. 한곳에 진득하게 붙어 있지 못하고 이 매장 저 매장을 옮겨 다닌 나와 다르게 엄마는 9년째 같은 곳에서 일하고 있다. 올해 초, 엄마의 정년이 얼마 남지 않았다는 소식을 들었다. 그 안에 어떻게든 이 작업을 마무리하겠다고 결심했다. 우리가 아직 동료일 수 있을 때. '이런 일'을 하는 사람들로 나란히 존재할 때.

당신이 왜 여기서 이런 일을 해!
지금부터 시작할 이야기는 이 질문에 대한 우리의 대답이다.

1장

슬픔과 기쁨을 모르는 어른이 될까 봐

이력서를 쓰려고 했는데 왜 자꾸 변명을 하게 될까

첫 직장은 논현역과 신사역 사이 어디쯤에 있는 소규모 광고대행사였다. 이제 막 스물셋이 된 나는 강남이라는 지명에서 느껴지는 위력에 괜히 주눅이 들 만큼 어리고 순진했지만 입사 지원서의 희망 연봉란에 적어야 할 정답이 '회사 내규에 따름'이라는 것을 어렴풋이 눈치챌 만큼은 세상을 알았다. 대로변의 으리으리한 고층 빌딩들을 차례로 지나 골목 안쪽 구석진 곳에 위치한 작고 허름한 건물을 발견했을 때, 당혹감과 함께 내 머릿속에는 물음표 몇 개가 떠올랐다.

여기라고? 정말 여기라고? 그러니까 이게…… 회사라고?

지도를 보고 또 봐도 여기였다.

말쑥한 정장 차림의 보안 요원과 사원증을 인식해야 통과할 수 있는 최신형 출입 게이트, 도대체 뭘 그린 건지 모르겠지만 헉 소리 나게 비싸 보이는 미술품……. 그런 것들이 자랑처럼 펼쳐진 대기업 로비를 기대한 적은 없었다. 영화를 만드는 사람이 되겠다는 꿈에 부풀어 그 흔한 토익 점수조차 따지 않고 20대 초반을 흘려보낸 내 이력서가 얼마나 빈약한지는 다른 누구보다 내가 제일 잘 알고 있었으니까. 하지만 미처 상상하지 못했다. 지하에는 정체 모를 유흥업소가 숨어 있고, 계단에는 담배꽁초가 수북하게 쌓여 있는 초라한 건물에서 직장 생활을 시작하는 지극히 현실적이고 구체적인 미래까지는.

그 시절 내가 가장 피하고 싶었던 일자리는 영업직이었다. 영업이 무엇인지 정확히 알지는 못했지만 본능적으로 직감할 수 있었다. 나 같은 사람이 그 세계에서 살아남을 확률은 제로에 가깝다는 것을. 망하거나, 잘리거나, 망해서 잘리거나, 잘려서 망하겠지.

"혹시 영업을 해야 하나요?"

서류 합격 통보를 받고 면접을 보던 날, 마지막으로 하고 싶은 말이 있냐고 묻는 면접관에게 신입 사원의 당찬 포부나 야망을 어필하는 대신 이렇게 질문한 건 그래서였다. 질문을 받은 면접관들은 서로를 바라보며 짧게 웃었다. 그들 중 하나가 유치원 선생님처럼 친절한 말투로 대답했다.

"영업은 너무 어렵고 힘든 일이라서 저희가 해요. 나중에 업무 다 배우고 나면 천천히 알려줄게요."

그곳에서 일하기로 결심한 건 그 대답 때문이었다. 어렵고 힘든 일을 윗사람들이 자진해서 맡는 곳이라면 적어도 아주 나쁜 회사는 아닐 것 같았다.

예상대로 그곳은 나쁘지 않았다. 선배들은 무심한 듯 다정했고, 범죄 영화에 나올 것처럼 수상해 보였던 건물도 매일 드나들다 보니 금방 익숙해졌다. 다만 업무가 너무 바빴다. 너무너무 바빠서 출퇴근 말고는 아무것도 할 수 없었다. 하루 열두 시간 근무는 기본이고 열다섯 시간을 넘기는 날도 수두룩했다. 아침, 점심, 저녁, 야식을 전부 회사에서 해결하며 모두가 기계처럼 일해도 남은 업무는 사채처럼 무섭게 불어나기만 했다.

일산 끝자락, 파주에 가까운 우리 집에서 강남 한복판

에 있는 회사까지는 편도로 두 시간이 넘게 걸렸다. 그마저도 부지런을 떨어 출근 피크 타임을 피했을 때의 이야기였다. 새벽 여섯 시에 버스를 타려면 늦어도 다섯 시 반에는 일어나야 했다. 퇴근해서 씻고 침대에 누워 시계를 보면 아무리 빨라도 새벽 한 시였다. 세상에는 하루 열두 시간씩 일하면서도 시간을 쪼개 운동하고 공부하고 친구를 만나는 유니콘 같은 사람들이 있다지만, 그게 나는 아니었다.

바쁜 사람이었던 나는 점점 나쁜 사람이 되어갔다. 내게서 시간을 빼앗아가는 사람들이 돈을 뜯어가는 사람보다 미웠다. 친구들의 안부 연락도 귀찮고 가족들과 밥 한 끼 먹는 시간도 아깝기만 했다. 누구도 만나지 않고 아무것도 하지 않는 시간이 절실했다. 내가 바라는 건 오직 그것뿐인데 그 하나를 얻는 게 다른 모든 걸 얻는 것보다 어려웠다. 평소보다 늦게 사무실을 빠져나와 신사역에서 막차를 기다리던 어느 밤, 버스가 정류장에 도착하자 한 무리의 사람들이 출입문 쪽으로 우르르 몰려들었다. 그중 하나가 내 어깨를 밀치고 앞쪽에 섰다. 몇 사람을 더 밀어내고 누구보다 빠르게 버스에 올라탄 그는 그제야 가방을 뒤적이며 지갑을 찾기 시작했다. 그 모습을 지켜보던 나는 생각했다. 지금 당장 저 인간을 죽여버리고 싶다고.

그날 밤에는 버스에 올라타 집에 도착할 때까지 귀에 이어폰을 꽂지 않았다. 피곤한 기색이 역력한 사람들 틈에 섞여 표정 없는 얼굴로 가만히 서 있는 내 모습이 버스 창문에 비쳐 보였다. 언제부턴가 나는 울고 싶다는 생각조차 하지 않았다. 기분은 비효율적이었다. 슬픈 일에 일일이 슬퍼하고 기쁜 일에 꼬박꼬박 기뻐하다가는 오늘 안에 집에 돌아갈 수 없을지도 몰랐다. 한남대교를 달리는 평일의 마지막 버스는 손잡이를 잡지 않아도 넘어지지 않을 만큼 붐볐지만 누군가 조심스럽게 속삭이며 통화하는 소리가 선명하게 들릴 만큼 고요했다. 라디오 소리조차도 들려오지 않으니 그동안 외면했던 내 마음이 들리는 것 같았다. 버스에서 내려 집까지 걸어가는 동안 아주 오랜만에 조금 울었다. 뺨을 타고 흐르는 눈물이 빗방울처럼 차가웠다.

다음 날 아침, 나는 면접관이었던 상사를 찾아가 그만두겠다는 말을 전했다.

내가 유난히 일복이 많아서였을까, 바쁜 자리만 쏙쏙 골라 들어가는 신묘한 재주가 있어서였을까. 그 뒤로도 몇 번 더 정규직 일자리를 얻는 데 성공했지만 그 어떤 곳에서도 1년을 버티지 못했다. 내가 만난 사장들은 하나같이 가성비 챙기기의 달인이었다. 애초에 2인분이었던 일을 한 사람에게 몰아준 뒤 그가 몸과 마음을 갈아 그 과중한 업무를 해내면 보상처럼 3인분의 일을 하사했다. 그러다 이탈자가 생기면 새로운 직원을 뽑아 다시 2인분의 일을 맡겼다. 그 사람이 하루 빨리 적응해 3인분의 일을 꾸역꾸역 소화해내기를 바라며. 우리나라의 중소기업은 대개 이런 방식으로 굴러가는 것 같았다. 내가 유독 일복이 많은 게 아니라 그저 인내심이 부족한 걸지도 몰랐다. 먹고살기 위해 다들 이 정도는 견디는데 나 혼자 세상모르고 엄살을 부린 걸지도.

20대 내내 나를 괴롭혔던 고민의 주제는 정체성이었다. 내가 누구인지, 어떤 사람인지 정확히 아는 것이 세상에서 제일 중요한 일처럼 느껴졌다. 나는 두려웠다. 이렇게 일만 하다가 조금도 내가 되지 못할까 봐. 나의 기쁨과 슬픔을 모르는 어른이 될까 봐. 그러나 한편으로는 너무 내가 될까 봐 두렵기도 했다. 이곳에서 저곳으로, 다시 저곳에서 그곳으로 철새처럼 옮겨 다니는 사이사이 공백의 시간마다 나는 너무 내가 됐다. 그 시간이 나를 쓰는 사람으로 만들어주었지만 내가 나에게 가까워질수록 세상은 내게서 조금씩 멀어졌다. 내가 한가롭게 정체성 따위를 고민하고 있는 동안 친구들은 세상의 중심을 향해 성큼성큼 걸어나 갔다. 어쩌면 나는 그냥 정체성을 핑계로 정체되어 있었던 게 아닐까?

적당히 내가 될 수 있는 일이 필요했다. 출근 시간은 정해져 있지만 퇴근 시간은 예측할 수도 계획할 수도 없는 사무직보다는 근무시간이 비교적 확실한 서비스직이 나을 것 같았다. 일주일에 다섯 번, 하루 아홉 시간씩 근무하며 글을 쓰고 책을 만드는 일은 내게 불가능했다. 그러니 출근 일은 그보다 하루쯤 적었으면 했다. 그런 일자리를 찾기 위해 부지런히 이력서를 내고 면접을 봤다.

내 이력서에는 공백이 많다. 한 줄의 이력으로 남지 못한 시절들은 몇 권의 책이 되고 작가로서의 경력이 되었지만, 회사라는 세계에 입장하는 순간 그런 일들은 결국 '놀았다'라는 말로 가볍게 요약되었다. 한국의 기업들은 전염병에 걸린 사람보다 공백기가 있는 사람을 더 무서워하는 것 같았다. 면접을 볼 때마다 나는 최선을 다해 변명해야 했다. 나의 도망과 인내심 부족에 대해. 놀았다는 말로 납작하게 압축된 시간 동안 내가 했던 여러 도전과 성공, 그리고 실패에 대해.

"다른 건 그렇다 치고, 왜 이렇게 공백기가 길죠?"

전생의 업보처럼 돌려받게 될 질문을 상상하다 보면 이력서를 다 쓰기도 전에 마음속으로 긴 변명을 시작하게 된다. 그러니까 제 첫 직장은 논현역과 신사역 사이 어디쯤에 있는 작은 광고대행사였는데요…….

내가 있어야 할 자리는

 겨울잠 자던 개구리가 일어나 아침 먹고 점심 먹고 디저트로 아메리카노에 마카롱까지 챙겨 먹었을 3월의 어느 금요일. 달력은 이미 봄이지만 창밖은 아직 겨울이라 옷을 겹겹이 껴입고 집을 나섰다. 무릎 아래까지 내려오는 남색 더플코트에 베이지색 니트, 그 안에는 단추를 끝까지 채운 체크무늬 셔츠. 교복처럼 단정한 차림으로 향한 곳은 집에서 한 시간이 조금 넘게 걸리는 고양시의 한 대형마트였다. 초행길이라 너무 서둘렀는지 약속 시간보다 한참 일찍 도착해 주변을 배회했다. 그래도 시간이 남아서 마트 건너편 쇼핑몰에 들어갔다.

분명히 구경만 하려고 했는데 정신을 차려보니 뭔가에 홀린 사람처럼 의류 매장 직원에게 카드를 건네고 있었다. 안 그래도 간당간당한 잔액이 또 이렇게 훅 줄어드는구나. 아까보다 4만 5천 원만큼 얄팍해진 체크카드는 후드티 두 벌과 직원의 친절한 미소와 함께 다시 내 손으로 돌아왔다. 백수가 된 이후로 꾹꾹 눌러왔던 소비 욕구가 더 이상은 못 참겠다며 한바탕 난동을 부리고 지나간 것 같았다. 하긴, 마지막 쇼핑이 작년 여름이었으니 그럴 만도 하지. 묵직한 쇼핑백을 들고 서둘러 매장을 빠져나왔다.

아직 면접도 안 봤는데 왜 벌써 첫 월급을 받은 것처럼 마음이 들뜰까. 마트 1층 고객만족센터 앞에서 파견업체 매니저를 기다리며 방금 전의 충동구매를 반성…… 했나? 아니, 솔직히 말하면 믿는 구석이 있었다. 갑자기 일어나 춤을 추거나 취미가 뭐냐고 묻는 말에 무단결근이라고 대답하지 않는 이상, 나는 이 면접에 합격할 것이다. 이건 기대가 아니라 확신이었다.

전화를 받은 건 일주일 전이었다. 설 연휴 단기 아르바이트로 전통차 세트를 팔다 가까워진 옆자리 커피 언니의 회사에서 급하게 사람을 구한다는 연락이었다. 주 3~4일,

하루 아홉 시간 근무, 일당 8만 원. 식사 시간을 제외하고 계산하면 시급 1만 원짜리 일자리였다(2019년 최저임금은 8350원이었다). 무엇보다 일용직 아르바이트가 아닌 계약직 입사라서 적어도 계약 기간 동안은 고용이 보장된다는 점이 마음에 들었다. 나는 이런저런 아르바이트를 전전하는 일에 지쳐 있었다. 하루에도 몇 번씩 알바몬과 알바천국을 오가며 새로고침 버튼을 누르고 있으면 언젠가 드라마에서 봤던 인력사무소의 낡은 소파에 앉아 나를 데려갈 누군가를 하릴없이 기다리는 기분이 들었다. 이제 더 이상 마트 일은 하지 않겠다고 다짐했지만 더 나은 선택지가 없었다. 처음 마트 일을 시작한 스물두 살 때나 지금이나 나를 반기는 곳은 세상에 오직 이곳, 마트뿐인 것 같았다.

"경력이 화려하네요. 이쪽 일이야 뭐 다 비슷해요. 해봐서 아시겠지만. 근태 걱정은 안 해도 되죠? 야무지게 일 잘한다고 미숙 언니가 칭찬 많이 했어요."

혹시 몰라 한 통 더 뽑아온 이력서에 의미 없는 동그라미를 그리며 매니저가 말했다. 볼펜을 딸깍거리는 버릇 때문인지 대화에 집중하지 않는 것처럼 보였지만 그 모습이 무례하게 느껴지지는 않았다. 평소의 나답지 않게 낯선 사람에 대한 평가가 후한 이유는 그가 비싼 커피를 사줬기 때문이다. 보통 이런 면접은 고객 휴게 공간이나 매장 한구석에서 어정쩡하게 진행되는 경우가 많다. 면접이라고는 하지만 형식적으로 얼굴 한 번 보는 자리에 가까워서 피차 중요하게 생각하지 않는 것이다. 하지만 이번에는 달랐다. 오늘 만난 매니저는 나를 고객만족센터 옆 카페로 데려가 원하는 메뉴를 고르게 했다.

"보니까 잘하실 것 같아요. 붙임성 좋아 보여서 다른 언니들하고도 잘 지낼 것 같고. 전임자는 마찰이 잦아서 제가 고생했거든요. 그런데 하나 걸리는 건……."

삐삐삐. 머릿속에서 경고 사이렌이 울렸다.

망했다! 또 왜 이렇게 회사를 자주 옮겨 다녔냐고 묻겠지? 방금 전까지만 해도 분위기 좋았던 것 같은데 다 내 착각이었던 거야? 이럴 줄 알았으면 6개월 일하고 그만둔 곳은 쓰지 말걸 그랬어! 그냥 회사가 망해서 잘렸다고 할까? 아니야, 그랬다가 나중에 들키면 어떡해……. 변명의 레퍼토리를 구상하느라 짧은 순간 수많은 생각이 머릿속을 스쳐 지나갔다. 그러나 이어진 말은 전혀 예상하지 못한 것이었다.

"마트에서 일하기엔 좀 아깝네요."

"네?"

나는 생각했다. 지금 아깝다고 한 게 맞나? 혹시 내가 뭘 잘못 들었나?

"나이도 어리고 스펙도 괜찮고……. 아무리 봐도 여기서 일할 사람 같지 않은데 어쩌다 마트 일을 시작하게 됐어요?"

다른 의도가 전혀 느껴지지 않는 말투였다. 순도 100퍼센트의 궁금함이 담긴, 정말로 이해되지 않는다는 표정. 차라리 작정하고 던진 뾰족한 말이었다면 한 귀로 듣고 한 귀로 흘릴 수 있었을 텐데. 나를 위하는 것 같은 부드러운 말속에 숨겨진 조그만 가시 하나가 마음속 어딘가에 콕 박혔다. 여기서 일할 사람 같은 건 뭘까? 이제부터는 다른 변명을 시작해야 했다.

아이스크림 전문점, 카페, 베이커리, 어린이 테마파크, 각종 사무직……. 젊은 여자에게 어울리는 일이라고 여겨지는 자리들을 거쳐 마트에서 돈을 벌게 된 사연을 구구절절 늘어놓았다. 그런 내 모습이 꼭 한때는 잘나갔지만 계속된 사업 실패로 빚더미에 앉은 80년대 스타가 그럼에도 꿋꿋하게 살아가는 모습을 보여주는 '휴먼다큐'의 한 장면처럼 느껴져서 조금 웃겼다. 매니저는 볼펜을 딸깍거리던 손을 멈추고 내 이야기에 집중했다.

"그건 그렇죠. 카페에서 최저시급 받는 것보단 훨씬 나아요. 마트에서 일하는 것도 나쁘지 않죠."

그 말이 위로처럼 들렸다면 아마도 그건 내 자격지심 때문이었을 것이다.

경기 소재 전문대 영화연출과 졸업(심지어 우리 과는 내가 학자금 대출을 다 갚기도 전에 없어졌다), 평균 학점 4.1, 컴퓨터 관련 자격증 하나, 공인 외국어 점수 없음, 어학연수 경험 없음. 부끄럽지만 이게 내 스펙의 전부다. 너무나 초라해서 중소기업 서류 전형 통과도 기적일 지경인데 이런 내가 아깝다고? 사무직 직장인이 되기엔 부족하고 마트에서 일하기엔 넘친다면 도대체 내가 있어야 할 자리는 어디일까.

어쨌든 결과는 합격이었다. 보름 뒤인 4월 첫째 주부터 근무를 시작하기로 했다. 그렇게 벗어나고 싶었는데 돌고 돌아 다시 마트 직원이 됐다. 이번이 몇 번째인지 이제 손가락 열 개로 셀 수도 없었다. 면접이 끝나고 지하철을 타러 가다가 한 모금밖에 마시지 않은 커피를 버리기 아까워서 조금 걸었다. 마침 근처에 산책로로 꾸며진 천변이 있었다.

"어쩌다 마트 일을 시작하게 됐어요?"

걷다가 문득 그 말이 떠올랐다. 그러게, 어쩌다 이 일을 시작하게 됐을까. 아까는 당황해서 대충 입에서 나오는 대로 떠들었지만 다시 생각해보니 나도 그 시작이 궁금해졌다. 다 식어버린 커피를 홀짝홀짝 마시며 기억을 더듬어 보려고 했는데…… 어? 저게 뭐야? 저 멀리 황새인지 왜가리인지 모를 하얗고 커다란 새 한 마리가 긴 부리를 물속에 처박고 물고기를 사냥하고 있었다. 그 모습이 마치 합성처럼 낯설어서 한참을 바라보다가 내가 무슨 생각을 하고 있었는지 까먹어버렸다.

IMF 키드의 까르푸

 토요일 저녁이면 아빠의 엑셀을 타고 까르푸에 갔다. 처음 우리 집에 왔을 때부터 고물이었던 그 차는 심심하면 한 번씩 시동이 꺼지곤 했다. 경사가 가파른 지상 주차장 진입로가 늘 고비였다. 뒤에 차들이 잔뜩 밀려 있는 상태에서 시동이 꺼지면 내가 운전하는 것도 아닌데 식은땀이 났다. 성질 급한 운전자들은 30초도 참지 못하고 신경질적으로 경적을 울려댔다. 간신히 위기를 모면하고 주차장 한 칸을 차지하고 나면 우리의 까르푸 쇼핑이 시작됐다.

 까르푸에는 우리에게 필요한 모든 것이 있었고, 나는 그곳 구석구석을 좋아했다. 어느 나라 말인지 짐작조차 할 수 없는 낯선 이름과 넓고 쾌적한 매장, 천장까지 가득 쌓여 있는 물건들. 그중에서도 특히 카트를 밀고 내려올 수 있는 미로 같은 경사로를 가장 좋아했다. 우리는 매장 곳곳을 휘젓고 다니며 각종 생활용품과 식료품으로 카트를 채웠다. 매주 가는데도 늘 살 게 많았다. 가끔은 엄마의 눈을 피해 카트 구석에 젤리나 캐러멜을 숨기기도 했다. 까르푸에 다녀온 날이면 냉장고가 든든했다. 전기구이 통닭과 과일을 펼쳐놓고 가족들과 거실에 모여 드라마를 보는 저녁. 내게 그 풍경은 까르푸가 선물한 것이었다.

1997년, 일곱 살로 사는 게 끝나갈 무렵 IMF가 터졌다. 초등학교에 입학하자마자 아나바다 운동을 배웠다. 선생님은 '아껴 쓰고 나눠 쓰고 바꿔 쓰고 다시 쓰는' 절약 정신을 강조하며 손에 쥐기 힘들 만큼 짧아진 몽당연필을 모나미 볼펜대에 끼워 쓰는 방법을 가르쳐주었다. 동네 아저씨들은 나라가 곧 망할지도 모른다고 했다. 나는 나라가 망하는 것보다 까르푸에 자주 갈 수 없게 된 것이 더 슬펐다.

우리 집에는 새로운 가훈이 생겼다. "있을 때 팍팍 먹고 없을 때 먹지 말자" 그 말을 만든 건 동생이었다. 전처럼 까르푸에 자주 가지 못하자 집 안의 간식은 생기는 족족 동이 났다. 네 살 어린 남동생은 과자나 아이스크림 같은 군

것질거리를 있으면 있는 대로 한꺼번에 먹어치웠다. 조금씩 오래 아껴 먹고 싶었던 나는 책상 서랍 맨 아래 칸에 내 몫의 과자를 숨겨놓고 그걸 야금야금 꺼내 먹었다. 외동인 친구들이 그렇게 부러울 수 없었다. 그 애들은 너무 쉽게 모든 걸 독차지했다. 경쟁할 필요 없이 우아하게. 일주일에 한 번 가던 까르푸는 보름에 한 번, 달에 한 번 가다가 그마저도 할 수 없게 되었다. 동네 슈퍼에서 콩나물이나 두부 따위를 사는 일은 하나도 신나지 않았다. 이제 막 초등학생이 된 내게도 IMF는 위기였다. IMF란 까르푸에 갈 수 없다는 말과 같았다.

어른들은 까르푸가 나쁜 회사라고 했다. 나라가 망할지도 모르는 마당에 외국 기업에 돈을 쓰면 안 된다고 했다. 까르푸에서 일하는 사람들은 사실 무늬만 까르푸 직원이라고, 그러니 까르푸에 가지 않는 것이 애국이라고 했다. 내가 사랑했던 건 나라가 아니라 까르푸였지만 어른들이 그렇다니 그런 줄로만 알았다. 세상의 좋고 나쁨은 일곱 살의 내가 납득할 수 없는 방식으로 결정되곤 했다.

어른들의 말을 이해하게 된 건 한참이 지나고 나서였다. 까르푸는 계산원을 직접 고용이 아닌 파견 용역으로 고용한 국내 최초의 유통업체다. 정규직과 달리 고용 안정성도, 근로기준법에 명시된 기본적인 권리도 보장받지 못하는 단기 계약직. 직접 고용을 최소화하고 매장 운영을 위한 필수 인력까지 파견 용역으로 해결하며 까르푸는 그야말로 '가성비' 넘치게 사람을 부렸다. 뿐만 아니라 납품업체에 지속적으로 무리한 단가 인하를 요구해 납품 거부 사태가 발생하기도 했다. 아직 '갑질'이라는 말이 유행어처럼 쓰이기 전의 일이었다.

아빠는 철밥통이라 불리던 공무원을 그만두고 공인중개사 시험을 준비하기 시작했고, 독서실 야간 총무로 근무하던 엄마는 마트 직원이 되었다. 매주 달라지는 스케줄에 따라 일주일에 대여섯 번, 아홉 시간에서 많게는 열 시간씩 근무하는 조건이었다. 그게 얼마나 긴 시간이었는지 그때의 나는 알지 못했다. 나와 동생은 자고 일어나면 한 뼘씩 커져 있는 강낭콩처럼 부지런히 자랐고, 엄마 없는 집에서도 씩씩하게 하루를 보낼 수 있는 어린이가 되었다.

급식을 먹지 않고 하교하는 토요일이면 엄마는 식탁에 천 원짜리 지폐 몇 장을 올려놓고 출근했다. 집에 돌아와 동생과 그걸로 뭘 할지 고민하는 게 토요일의 새로운 기쁨이었다. 용돈이 넉넉한 날이면 비디오 대여점에서 한물

간 공포 영화를 빌려와 그걸 보며 '우리분식' 떡볶이를 먹었고, 그렇지 않은 날이면 슈퍼에 가서 먹고 싶은 과자를 하나씩 골랐다. 어느 쪽이든 즐거워서 다시 토요일이 기다려졌다. 아빠가 시험공부에 매진하는 동안 엄마는 마트에서 번 돈으로 딸 하나, 아들 하나를 키웠다.

세기말, 그 역사적인 순간에도 우리 가족은 까르푸 앞 광장에 있었다. 시계탑을 둘러싸고 펼쳐진 빼곡한 인파에 섞여 초록색 야광봉을 흔들며 새해맞이 카운트다운을 했다. 한 세기의 끝을 목격하는 것은 대단히 흥분되는 동시에 허망한 일이었다. 쓰리, 투, 원! 그렇게 1999년을 지나 새천년에 도착했다. 전 세계를 공포에 떨게 했던 밀레니엄 버그도, 예언가들이 입을 모아 말했던 지구 종말도 일어나지 않았다. 달라진 건 아무것도 없었다. 다만 아홉 살에서 열 살이 되었을 뿐이다.

IMF 키즈. 시간이 흐른 뒤 세상은 우리를 그런 이름으로 부른다. 까르푸를 간절히 그리워하던 여덟 살의 나는 그로부터 정확히 13년 뒤, 홈플러스로 바뀐 바로 그 까르푸 매장에서 파견 근무 형태로 아르바이트를 시작하게 된다.

계획된 우연

 마트에서 일하는 어른이 될 줄은 몰랐다. 누구도 내게 그런 미래가 도래할 가능성을 귀띔해주지 않았다. 피아니스트에서 우주비행사로, 드라마 PD에서 영화감독으로 장래희망이 끊임없이 바뀌는 동안에도 마트 직원을 꿈꿔본 적은 없었다. 마트 계산원으로 일하는 엄마와 백화점 야간 경비원으로 일하는 아빠 밑에서 청소년기의 대부분을 보냈음에도. 내 미래는 다를 줄 알았고 달라야 했다. 그건 희망의 다른 말이기도 했다.
 지역의 유명한 전원주택단지 바로 맞은편에 위치한 우리 학교에는 소위 말하는 '사는 집' 아이들이 많았다. 교

수, 의사, 변호사, 분점이 몇 개나 되는 고깃집 사장……. 근사한 명함을 가진 그들은 자식에게 같은 미래를 물려주기 위해 온갖 지원을 아끼지 않았다. 나 같은 미래. 아무리 못해도 나만큼은 사는 삶. 그 세계에서 통용되는 성공의 기준은 그랬다.

전원주택단지 밖에는 다른 삶을 물려주고 싶은 부모들이 있었다. 나와는 다른 미래. 하루 벌어 하루 먹고사는 삶이 아닌 내일을 계획하고 기대할 여유가 있는 삶. 빠듯한 월급을 쪼개고 쪼개 다달이 내 학원비를 대는 엄마, 아빠를 생각할 때면 고맙고 미안한 마음과 함께 어디론가 도망치고 싶은 충동이 들었다. 나는 그들의 가장 비싼 희망. 어디 내놓아도 부끄럽지 않은 훌륭한 사람이 되어 그 희망이 틀리지 않았음을 증명해야 할 것 같았다.

스무 살, 대학교에 들어가 맞이한 나의 첫 여름방학은 아르바이트로 시작해 아르바이트로 끝났다. 아직 매미가 울기 전인 6월 중순부터 개강이 코앞으로 다가온 8월 말까지 일주일에 여섯 번, 하루 아홉 시간씩 아르바이트를 했다. 어린이 미술 체험전에서 선생님 소리를 들으며 잔디 인형 만들기를 가르치는 일은 겉보기엔 그럴싸했지만 실속이 없었다. 방학 내내 일만 했는데도 통장을 두둑하게 채우지 못한 채 다시 학교로 돌아가야 했다.

영화과의 모든 과제는 돈이었다. 기본적인 촬영 장비는 학교에서 무료로 빌릴 수 있었지만 교통비와 소품비, 스태프 식비 같은 자잘한 지출들도 차곡차곡 쌓이면 규모가 꽤 커졌다. 5분짜리 영상 한 편을 찍고 나면 5일치 아르바이트비가 허무하게 날아갔다. 돈이란 게 무섭기도 우습기도 했다. 나중에 본격적으로 졸업 작품을 찍을 때는 도대체 얼마가 필요할까? 강의실 맨 뒷자리에 앉아 예산을 짜고 있으면 마음이 조급해졌다. 계획대로 졸업하려면 더 빨리, 더 많은 돈을 벌어야 했다.

그 공고를 발견한 건 우연이었다. 돈이 되는 일자리를 찾기 위해 알바몬과 알바천국을 샅샅이 뒤지던 그때, 한 식품 업체의 냉장 두유 판촉 행사 아르바이트 공고가 눈에 들어왔다. 자세히 살펴보니 특별한 자격이나 기술 같은 건 필요하지 않았다. 그저 사람들 앞에서 우렁찬 목소리로 제품을 홍보할 용기만 있으면 된다고 했다. 잠깐, 이거 나쁘지 않은데? 반사적으로 즐겨찾기 버튼을 누른 뒤 얼른 계산기를 두드려봤다.

일급: 60,000원(근무 종료 후 2주 내 입금)

근무 내용: ○○식품 냉장 두유 시음 판촉 행사

근무 시간: 일 9시간(12시~9시/1시~10시 유동적)

　　　　　식사 1시간, 휴식 30분 포함

근무지: 홈플러스 일산점

지원 자격: 보건증 소지자, 마트 입점 교육 참석 가능자

　　　　　(교육비 별도 지급)

성별: 여성

지원 방법: 문자 연락(이름/나이/사진/거주지/경력)

　식사와 휴식 시간을 제외한 실제 근무 시간은 일곱 시간 반이었다. 그렇게 따지면 시급은…… 세상에, 무려 8000원이나 되는 셈이었다! 잔디 인형 선생님과 비교하면 거의 두 배에 달하는 금액이었다(2011년 최저임금은 4320원이었다). 여기까지 계산하고 나니 더 고민하고 자시고 할 것도 없었다. 망설이는 사이 다른 사람에게 기회를 뺏길까 봐 조바심이 나기 시작했다. 양식에 맞춰 메시지를 작성하고 공고에 나와 있는 담당자의 연락처로 서둘러 전송했다. 가지고 있는 것 중 가장 잘 나온 사진을 첨부하는 것도 잊지 않았다.

다음 날 아침, 화요일에 있을 마트 입점 교육에 참석하라는 답장이 도착했다. 답장을 보낸 사람은 파견업체 매니저였다.

1996년 부천에 1호점을 개장한 뒤 공격적으로 사업을 확장해가던 한국까르푸는 현지화 실패와 소비자 불매운동, 국내 유통업체들의 빠른 성장 등 복합적인 이유로 고전을 면치 못하다가 결국 2006년 이랜드그룹에 32개 점포를 매각하고 한국 시장 철수를 선언했다. 어린 내가 사랑했던 까르푸 일산점 역시 홈에버를 거쳐 지금의 홈플러스가 되었다. 까르푸를 까르푸답게 만들었던 미로 같은 경사로는 그 과정에서 흔적도 없이 사라져버렸다.

까르푸는 떠났지만 나는 다시 돌아왔다. 이번에는 손님이 아닌 직원으로. 그토록 뻔질나게 드나들던 매장에 직원용 출입구가 따로 있다는 사실을 그날 처음 알았다. 커다란 자동문이 설치된 고객용 출입구를 지나 건물 옆쪽으로 돌아가니 작은 여닫이문이 보였다. 문을 열고 들어가 주위를 두리번거리자 보안 직원이 용무를 물었다. 그는 내 신분증을 확인한 뒤 교육장으로 가는 길을 안내해주었다. 창고를 가로질러 구석에 위치한 비상구를 찾은 뒤 계단을 통해 꼭대기 층까지 올라가야 하는 다소 복잡한 동선이었다. 창고, 비상구, 계단. 창고, 비상구, 계단. 나지막이 중얼거리며 복도를 따라 걸었다. 왠지 모를 긴장감에 주먹을 꽉 쥐고서.

하지만 막상 창고에 들어서자 긴장감보다 놀라움에 사로잡혔다. 이 매장의 모든 걸 꿰뚫고 있다고 생각했지만 그동안 내가 봤던 모습은 겨우 절반일 뿐이었다. '후방(창고를 비롯해 손님에게 보이지 않는 업무 공간을 뜻한다)'이라고 불리는 나머지 절반은 직원 출입구를 통해 들어온 사람들에게만 허락된 비밀스러운 공간이었다. 그곳은 흑백 필터가 씌워진 세계 같았다. 끝없이 늘어선 철제 선반과 그 위에 줄 맞춰 쌓여 있는 박스들, 드문드문 보이는 직원들의 근무복까지 전부 무채색이었다. 나는 창고를 가득 채운 박스 냄새와 꽃가루처럼 날아다니는 희뿌연 먼지, 분주하게 움직이는 지게차 소리가 만드는 생경한 분위기에 완전히 압도됐다.

그렇게 찾아간 교육장에는 나를 포함해 열 명 남짓한 교육생들이 있었다. 정해진 시간보다 일찍 도착했는데 구석자리는 이미 먼저 온 사람들이 차지한 뒤였다. 어쩔 수 없이 한가운데 앉아 머쓱하게 주위를 두리번거렸다. 잠시 후 나타난 담당자는 출석 체크를 하며 교육생들에게 명찰을 나눠

주었다. 명찰에는 이제 막 알을 깨고 나온 앙증맞은 병아리 그림 옆에 이름과 함께 '새 식구'라는 단어가 적혀 있었다.

교육은 점심시간을 포함해 다섯 시간가량 이어졌다. 오전에는 인사와 고객 응대 매뉴얼, 매장 구조, 비상 시 대처법 등을 배웠다. 인사는 '솔' 톤으로, 응대는 밝은 미소로, 우리는 고객을 위해 존재한다는 마음으로. 한 명씩 앞으로 나가 인사 멘트와 상황에 따른 고객 응대를 실습하고 피드백을 받으며 마트가 요구하는 기본 소양을 빠르게 갖춰나갔다. 점심시간이 끝난 뒤 이어진 필수 안전 교육까지 수료하고 보건증을 제출하자 비로소 마트에서 일할 수 있는 자격이 생겼다. 스물한 살의 나는 그렇게 마트 직원이 되었다.

식품 코너에서 두유를 팔다가 같은 층에서 근무하는 주류 매니저의 눈에 들어 와인을 팔게 되었고, 하루 대타를 뛴 게 인연이 되어 커피를 팔게 되었다. 마트 일은 그런 식으로 물 흐르듯 자연스럽게 이어졌다. 동료들에게 열심히 인사하고 다닌 덕분에 알음알음으로 다음 일자리를 소개받기도 했다. 마트에는 언제나 일할 사람이 필요했고, 와인이나 맥주처럼 젊은 사람을 선호하는 자리는 일당이 더 높았다. 계약 기간은 하루일 때도, 몇 개월일 때도, 드물게 일

년일 때도 있었다. 정규직은 아니지만 원한다면 계속 일할 수 있는 무기 계약직을 제안받기도 했다. 다들 못 들어가서 안달인 그 자리를 나는 고집스럽게 거절했다. 솔직히 말하면 겁이 났다. 이대로 마트에 눌러앉게 될까 봐. 당장의 안락함에 취해 다른 미래를 그리지 않을까 봐. 서른에도 마흔에도 마트에서 뭔가를 팔고 있을까 봐.

두유, 와인, 차례주, 전통차, 커피, 빵, 초콜릿, 파인애플, 냉동 피자……. 그런 것들을 파는 동안 어느새 이십 대의 끝자락에 도착했다. 중간중간 회사에 들어가기도 했지만 오래 버티지 못하고 다시 마트로 돌아왔다. 이제 정말 지긋지긋한데, 마트에는 손님으로만 오고 싶은데. 그런데 이상하게 벗어날 수 없었다. 제품 로고가 대문짝만하게 인쇄된 촌스러운 앞치마를 입고 무언가를 열심히 팔다 보면 문득문득 이런 생각이 들었다.

마트 직원의 딸이 마트 직원이 되는 건 운명 아니면 팔자일지도 몰라.

진로 상담 분야의 전설로 손꼽히는 미국의 심리학자 존 크럼볼츠(John D. Krumboltz)는 커리어의 80퍼센트는 예기치 않은 우연한 사건에 의해 형성된다고 주장했다. 한 사람이 살아가며 겪는 우연한 일들이 긍정적으로든 부정적으로든 진로에 영향을 미친다는 것이다. 그는 이것을 '계획된 우연'이라고 했다. 그렇다면 내가 마트에서 일하게 된 것 역시 계획된 우연일까? 그렇게 생각해버리면 차라리 마음이 편해지기도 했다. 이 모든 건 처음부터 계획된 일이었다고.

 스물아홉 여름에 이 글을 쓰고 있다. 결국 서른에도 마트를 떠나지 못할 것을 예감하며. 내일은 커피를 팔러 간다. 이번 계약은 일 년짜리다.

한없이 투명에 가까운 유니폼

　근로계약서에 명시된 근무 시간은 '오전 열한 시부터 오후 여덟 시까지'이지만 언제나 열 시 반이 되기 전에 매장에 도착한다. 그건 나뿐만 아니라 다른 언니들도 마찬가지다. 근무를 시작하기 전 준비할 게 많은 행사 직원들은 늘 정해진 시간보다 일찍 출근한다. 퇴근이 늦어지는 것에 유독 예민한 언니들도 이른 출근에는 비교적 관대한 편이다. 절간처럼 고요하던 탈의실은 열 시를 기점으로 슬슬 소란스러워지기 시작한다. "안녕!" "안녕!" 반갑게 건네는 아침 인사, "오늘은 뭐 싸왔어?" 서로의 도시락 메뉴를 물으며 시작되는 수다, 저 멀리서 들려오는 모닝커피 멤버들의 경쾌한 웃음소리. 그런 소리를 들으며 유니폼으로 갈아입는 게 내 하루 일과의 시작이다.

마트 소속 직원들은 정규직, 계약직 구분 없이 모두 똑같은 유니폼을 입지만 파견업체 소속인 우리는 각기 다른 유니폼을 입고 근무한다. 고객을 가장 가까이에서 만나는 행사 직원은 그 자체로 하나의 홍보 수단이 된다. 고급스러운 이미지를 강조하는 프리미엄 냉동식품 업체의 유니폼은 채도가 낮고 단정해서 언뜻 정장 느낌이 나고, 건강하고 신선한 이미지를 내세우는 두부 업체 유니폼은 머리부터 발끝까지 온통 연두색이라서 멀리서 보면 토이스토리에 등장하는 외계인 캐릭터 '알린' 같다. 젊음과 친근함이 마케팅 포인트인 주류 업체 직원들은 두건이나 머리망 대신 캡모자를 쓰고 야구 점퍼를 입는다.

그리고 나날이 적자가 늘어가는 우리 회사는…… 오래전에 유니폼 지급이 끊겨 전임자가 물려준 끈 떨어진 앞치마를 궁상맞게 꿰매 입고 있다. 다른 언니들이 셔츠와 조끼, 두건에 넥타이까지 완벽하게 갖춰진 유니폼 세트를 차례차례 벗어 정리하는 동안 앞치마 하나만 홀랑 벗어던지고 1등으로 퇴근할 수 있으니 딱히 불만은 없지만.

탈의실에 도착해 앞치마를 입고 새로 들어온 증정품을 가지러 가는데 누군가 저 뒤에서 나를 불렀다. 돌아보니 경쟁사 행사 언니였다. 새하얀 와이셔츠에 검은 조끼와 넥타이, 근사한 배지가 달린 앞치마를 차려입은 언니는 저 멀리서 열심히 손짓하며 내게 뭐라고 외치고 있었다. 무슨 말인지 알아들을 수 없어 후다닥 뛰어가보니 조회 공지를 전달하는 거였다.

이 매장은 매출이 떨어지면 한 번씩 행사 조회를 연다고 했다. "그게 뭔데요?" 내가 묻자 언니는 진저리를 내며 대답했다. "그냥 사무실 놈들 푸닥거리 같은 건데 귀담아들을 필요 없어. 매출 떨어지면 누구라도 잡아야 되잖아. 만만한 게 우리지, 누구겠어." 언니를 따라 사무실 앞으로 가니 모든 행사 직원이 이미 한자리에 모여 있었다. 제일 늦게 합류한 우리는 사무실 문에서 멀찍이 떨어진 기둥 옆에 섰다.

잠시 뒤, 처음 보는 사무실 직원이 나와 출석을 불렀다. 모두의 이름이 호명되자 다시 문이 열렸다. 이번에는 나도 아는 얼굴이었다. 평소 파견업체 직원들과는 말도 섞지 않기로 유명한 오 대리였다. 조회의 내용은 그야말로 푸닥거리였다. 살풀이하는 무당처럼 매서운 눈빛으로 우리를 쏘아보던 오 대리는 최근 전체적으로 매출이 저조해진 이유를 행사 직원들 탓으로 돌리며 한바탕 훈계를 늘어놓았다. 그 재수 없는 목소리를 한 귀로 듣고 한 귀로 흘리며 곁눈질로 언니들의 유니폼을 관찰했다. 엄마에게 꾸중을 듣는 아이가 고개를 푹 숙이고 반성하는 척하며 바닥의 무늬를 관찰하듯이.

유니폼에는 신기한 힘이 있다. 사복을 입은 언니들은 한 명 한 명 선명하게 다른 사람으로 느껴지지만 제품 로고가 커다랗게 인쇄된 티셔츠를 입고 앞치마를 두르면 그런 고유함은 흔적도 없이 사라져버린다. 색도 모양도 제각각인 유니폼을 입고 있어도 우리는 어쩐지 하나처럼 보인다. 왼쪽 가슴에 달려 있는 명찰만이 내가 나라는 사실을 알려줄 뿐이다.

생각해보면 나의 밥벌이는 늘 유니폼과 함께였다. 내 기억 속에 존재하는 수많은 '일하는 나'는 당연히 그래야 하는 것처럼 자연스럽게 유니폼을 걸치고 있다. 내 안에는 유니폼을 입는 순간 활성화되는 스위치가 있는 것 같다. 그 스위치는 평소의 내가 가지고 있지 않은 여러 모습들을 가능하게 한다. 낯선 사람에게 스스럼없이 말을 붙이고, 넉살

좋게 농담을 건네고, 무리한 요구를 하며 억지를 부리는 손님에게는 단호하게 거절의 뜻을 전하는 것. 어렵기만 했던 이 모든 일들이 유니폼을 입는 순간 거짓말처럼 가뿐해진다. 유니폼을 입은 나는 한없이 투명해지기 때문이다.

유니폼은 가장 눈에 띄는 동시에 가장 희미한 옷이다. 유니폼을 입은 사람은 전경에서 물러나 배경이 되고, 그래서 거기 있어도 없는 존재가 된다. 세상의 중심은 내가 아니며 그건 결코 슬픈 일도 부끄러운 일도 아니라는 사실을 유니폼을 입고 배웠다. 자의식 과잉에서 벗어나 희미해질수록 나는 자유로워진다. 오직 일을 위해 만들어진 옷이 주는 이상한 해방감. 때로는 그걸 통해 절대 벗어날 수 없을 것 같았던 나 자신으로부터 해방되기도 한다.

오 대리의 길고 지루한 훈화는 매출의 중요성을 열두 번쯤 강조하고 나서야 끝났다. 어색한 분위기 속에서 싱거운 파이팅을 외치고 우리는 빠르게 각자의 자리로 흩어졌다. 투명 망토 같은 유니폼을 입고 오늘도 내게서 한 걸음씩 멀어진다. 어떤 날에는 잘못된 방향 같지만 또 어떤 날에는 그런 식으로 얼떨결에 되고 싶은 내 모습에 가까워지기도 한다.

라이트는 파란색

장사를 하는 사람이 지켜야 하는 도덕을 상도덕이라고 한다. 엄밀히 따지면 상인은 아니지만 마트 행사 직원이 하는 일은 기본적으로 장사고, 그래서 근무할 때의 나는 스스로를 장사꾼이라고 생각한다. 그건 언니들도 마찬가지라서 우리는 늘 서로에게 이렇게 말한다. "오늘 장사 잘돼?" "어휴, 어제 장사 완전 망했어." "저 언니가 성격은 좀 까칠해도 장사는 잘하잖아." 치킨집에는 치킨집의 상도덕이 있고, 옷가게에는 옷가게의 상도덕이 있듯이 마트에는 마트의 상도덕이 있다. 마트 사람들에게는 너무 기본적인 상식 같은 거라서 아무도 알려주지 않지만 모두가 알고 있는 암묵적인 규칙들. 그중에서도 특히 중요한 건 이런 것들이다.

- 손님의 카트나 장바구니에 타사 제품이 담겨 있으면 영업 멘트를 치지 않는다.
- 타사 매대 앞에서 고민하는 손님에게는 먼저 다가가지 않는다.
- 판매를 위해 타사 제품을 비방하거나 유언비어를 퍼뜨리지 않는다.

이런 규칙이 잘 지켜지는 매장은 분위기가 좋다. 행사 직원끼리 다투거나 감정이 상하는 일은 대부분 손님을 뺏고 뺏기는 과정에서 일어나는데, 애초에 그런 상황을 만들지 않으면 싸울 일도 없다. 자의든 타의든 상도덕을 지키지 않는 사람들이 하나둘씩 늘어가다가 그게 그 매장의 새로운 규칙이 되는 순간 모두가 파국의 소용돌이에 휩쓸리게 된다. 그런 매장에서 일하면 하루하루 기력이 쇠하는 게 느껴진다. 피 튀기는 경쟁에서 한 발짝 물러나 최소한의 존재감으로 조용조용 지내보려고 노력하지만 그 살벌한 분위기 속에 있는 것만으로도 너무 많은 에너지를 쓰게 된다.

그래서인지 매장에서도 직원 간의 다툼에는 특히 엄중하게 대처한다. 고객들이 보는 곳에서 경쟁사 직원끼리 한바탕 싸우고 결국 사이좋게 둘 다 잘리는 결말로 마무리되는 사건도 심심치 않게 일어난다. 내가 직접 본 것만 해도 두 번이다.

이십 분 넘게 같은 자리에 서 있는 할머니를 보고도 가만히 있었던 건 그래서였다. 솜사탕처럼 하얗고 숱 많은 머리를 단정하게 빗어 넘기고 연분홍색 점퍼를 걸친 할머니는 깊은 고민에 빠진 듯 경쟁사 매대 앞에서 한참을 서성거렸다. 하필 내가 판매하는 제품도 인스턴트 블랙커피라서 혹시라도 오해를 받을까 봐 가까이 다가가지 못하고 몰래 힐끔거리기만 했다. 여기 없는 제품을 찾고 계신 걸까? 돋보기를 깜빡해서 상자에 적힌 글씨가 안 보이는 거라면? 지금이라도 마트 직원을 불러드려야 하나? 점심을 먹으러 간 경쟁사 행사 언니가 얼른 내려오기를 기다리며 다른 손님들을 응대했다.

"저기…… 아가씨, 미안한데 나 뭐 하나만 물어봐도 돼요?"

할머니가 내게 다가온 건 그러고도 한참이 더 지난 뒤였다. 큰 결심을 했다는 듯 사뭇 비장한 태도로, 그러나 쑥스러운 마음까지 숨기지는 못한 조용하고 정중한 말투였다.

"그럼요! 아까부터 저기 서 계신 거 봤어요. 혹시 따로 찾는 제품 있으세요?"

"내가 있지요, 전부터 물어보고 싶었는데 말이야……."

"네?"

"저기 있는 커피들, 맛이 다 다른 거죠?"

"아, 블랙커피 보고 계셨죠? 비슷하긴 한데 조금씩 달라요. 제가 도와드릴까요?"

"아이고, 고마워요. 종류가 너무 많아서 도대체 뭐가 뭔지 알 수가 없어."

할머니와 함께 경쟁사 매대 앞에 섰다. 이 많은 걸 어떻게 설명해야 이해하기 쉬울까 생각하니 눈 감고도 떠올릴 수 있을 만큼 익숙한 제품들이 새삼스럽게 낯설어졌다. 할머니가 그중 하나를 가리키며 말했다.

"우리 할아버지랑 내가 먹는 게 이건가……. 이름을 외우려고 해도 여기 오면 생각이 안 나잖아. 그래서 그냥 아무거나 사는데 어떤 날은 맛있고 어떤 날은 너무 쓰고 그래요."

"아, 그건 쓴 거예요. 여기 보시면 다크라고 써 있죠?

다크는 쓴맛이 강해요. 부드러운 커피 좋아하시는 거죠?"

"그래그래, 맞아요. 우리는 쓴 걸 잘 못 먹거든. 그럼 내가 지난번에 이걸 사갔나 보네! 너무 써서 반씩 넣었더니 이제야 겨우 다 먹었어."

"그럼 여기 마일드나 라이트로 가져가시는 게 좋아요. 둘 다 비슷한데 라이트가 조금 더 부드러운 맛이에요."

두 가지 제품을 모두 꺼내 할머니에게 보여드리는데 한쪽에 작게 표시되어 있는 제품명이 마음에 걸렸다. 다크, 마일드, 라이트. 안 그래도 생소한 단어들이 이렇게 조그맣게 쓰여 있으니 할머니가 기억하지 못하는 건 당연한 일 아닐까? 상자 두 개를 번갈아 바라보는 할머니의 표정이 어두운 걸 보니 이번에도 쉽지 않을 듯했다.

"이름이 좀 복잡하죠? 그냥 색깔로 외우시면 편해요. 여기 자세히 보면 라이트는 파란색 글씨로 적혀 있거든요."

"라이트는 파란색……. 아휴, 늙은이들한테는 세상이 점점 어려워져."

할머니의 목소리가 왠지 아까보다 작아진 것 같았다. 또 잊어버리면 다음에도 매대 앞에서 한참을 서 계실 텐데…….

"아, 고객님! 잠시만요. 제가 적어드릴게요!"

후다닥 시음대로 가서 종이와 볼펜을 가져왔다. 큼직한 글씨로 제품명을 적어 할머니에게 건네니 아까와는 다른 환한 미소를 볼 수 있었다.

"고마워요, 고마워! 아유, 아가씨한테 물어보길 잘했네. 바쁜데 물어보면 싫어할까 봐 걱정했는데……."

종이를 반으로 접고 또 접어 소중하게 지갑에 넣는 할머니를 바라보며 언젠가 친구에게 했던 말을 떠올렸다. 나는 내가 무언가를 어려워하고 빠르게 이해하지 못하는 순간을 견디기 힘들어한다고. 스스로의 무지와 무능을 맞닥뜨리는 일을 좋아하는 사람은 없겠지만 나는 그런 상황에서 오는 스트레스에 유독 취약한 편이다. 아마도 그건 유능한 나만 사랑하는 좁은 마음과 무엇이든 진득하게 기다리지 못하는 조급한 성격 때문일 것이다. 세상이 점점 어려워진다는 할머니의 말처럼 내가 만날 미래 역시 지금보다 훨씬 빠른 속도로 어려워질 텐데. 그때의 나에게는 한참 어린 낯선 사람에게 먼저 다가가 모르는 걸 물어볼 용기와 지혜가 있을까?

"젊은 아가씨가 어쩜 이렇게 친절해? 많이 팔아요!"

할머니는 괜찮다고 사양하는 내 손에 기어코 호두과

자 세 알을 쥐여주고 나서야 자리를 떴다. 계산대 앞 팝업 매장에서 파는 고구마 앙금이 든 호두과자였다. 아직 미지근한 온기가 남아 있는 호두과자를 손에 쥐고 할머니가 떠난 매대 앞에 가만히 서 있었다. 천천히 멀어지는 할머니의 뒷모습이 아까와 다르게 커 보였다.

최고의 예스키즈존

주말의 마트는 늘 붐빌 것 같지만 꼭 그렇기만 한 건 아니다. '오픈런'을 부르는 특별한 이벤트가 없는 주말 오전은 오히려 평일보다 한적하다. 본격적으로 손님이 몰리기 시작하는 점심때까지 썰렁한 매장을 채우는 건 아이들이다. 놀이터는 이제 시시해졌지만 카페나 PC방에 가기에는 아직 어린 초등학생들. 언제나 놀거리를 찾아 헤매는 아이들에게 마트는 자주 최선의 선택지가 되곤 한다. 비록 최고는 아닐지라도.

쉬는 시간이 시작되는 오후 두시 반. 가볍게 간식이라도 먹을까 싶어 푸드코트가 있는 지하로 내려간다. 걸음을 재촉해 롯데리아 앞에 도착하면 일단 주변을 쓱 둘러본다. 기다리는 사람이 너무 많은 날에는 미련 없이 후퇴해 휴게실로 간다. 쉬는 시간이 다 끝날 때까지 주문한 음식을 받지 못할 수도 있기 때문이다. 계산대 앞에는 언제나 한 무리의 아이들이 있다. 가진 돈을 모아 주문할 수 있는 메뉴를 제법 진지하게 따져보는 아이들. 뭘 저렇게 열심히 고민하나 궁금해서 슬쩍 보면 방금 전까지 1층 식품 매장을 휘젓고 다니던 낯익은 얼굴들이다. 저기 빨간 반바지를 입은 아이는 출근하자마자 봤던 것 같은데……. 그렇다면 세 시간 가까이 매장 곳곳을 돌아다녔겠지.

용돈이 부족해 햄버거 하나를 친구와 나눠 먹고, 콜라 대신 정수기에서 받아 온 물을 벌컥벌컥 마시면서도 아이들은 해사하게 즐거워 보인다. 양념감자를 너무 세게 흔들어 종이봉투 귀퉁이가 찢어지자 까르르 팝콘 같은 웃음소리가 터져 나온다.

요즘 일하는 매장은 신도시 학원가 근처에 있다. 처음 이 도시에 왔을 때 어딜 가든 넘쳐나는 아이들을 보고 놀랐던 기억이 있다. 텔레비전만 틀었다 하면 나오는 '저출생 위기'가 이곳에서는 꼭 다른 세상 이야기 같았다. 학생이 없어 폐교하는 학교가 속출하는 시대에 학교가 없어 과밀

학급 대책 마련을 촉구하는 현수막이 붙는 도시. 둘째는 물론이고 셋째까지 있는 집도 허다한 도시. 하지만 이상했다. 그토록 귀한 아이들이라는데. 빠르게 늙어가는 이 나라의 미래이자 희망이라는데. 어째서 그런 아이들이 마트를 떠돌고 있는 걸까?

마트에서 시간을 때우는 아이들은 크게 두 부류로 나뉜다. 편의를 위해 이름을 붙여보자면 생활형과 여가형이라고 할 수 있을 것 같다. 의외인 점은 이 둘을 나누는 기준이 돈이 아니라는 것이다. 생활형 아이들은 돈이 없어서가 아니라 돌봐줄 사람이 없어서 마트에 온다. 때때로 마트는 갑작스럽게 생긴 돌봄 공백을 메꿀 방법이 없는 가정을 위한 긴급 돌봄 시설이 되기도 한다.

내 자리 바로 앞에는 라면 코너가 있다. 무더위가 한창인 요즘 제일 인기 있는 제품은 역시 비빔면이다. 어느 날 저녁, 초등학교 1학년쯤 되어 보이는 한 남자아이가 씩씩하게 걸어와 비빔면을 시식했다. 양념이 매운지 헉헉거리면서도 이쑤시개를 젓가락 삼아 비빔면 한 컵을 야무지게 비운 아이는 엄지를 치켜세우며 이렇게 말했다.

"우와, 우리 엄마가 만든 것보다 훨씬 맛있어요!"

아이답지 않은 넉살에 웃음이 터진 비빔면 언니가 생수를 꺼내 컵에 따라주며 물었다.

"비빔면 좋아하는구나? 엄마랑 장 보러 왔니?"

"아뇨, 혼자 왔는데요? 엄마가 오늘 늦게 끝난다고 여기서 기다리래요."

"아이고…… 혹시 배고프니? 비빔면 하나 더 먹을래?"

"괜찮아요. 엄마가 카드 줬어요. 밑에 가서 피자 먹을 거예요!"

유유히 사라지는 작은 등을 바라보며 이름도 얼굴도 모르는 한 여자를 떠올렸다. 지금 이 시간 어딘가에서 초조한 마음으로 일하고 있을 여자. 일이 끝나면 종종거리며 마트로 달려올 여자. 그러나 아이를 혼자 마트로 보낼 수밖에 없는 상황은 예고 없이 쏟아지는 소나기처럼 다음에도 또 찾아오겠지. 그에게 마트는 어떤 곳일까?

생활형 아이들의 마트가 보육 시설이라면 여가형 아이들의 마트는 놀이 시설이다. 이 도시에는 아이들을 위해 준비된 공간이 많다. 잘 꾸며진 키즈카페와 수영장 딸린 파티룸, 쿠킹클래스를 비롯한 각종 체험시설들. 내가 어렸을 때만 해도 상상할 수 없었던 규모와 퀄리티를 갖춘 그 공간들을 보면 놀라움에 입이 떡 벌어지곤 한다. 하지만 그래서 아이들이 더 많은 선택지를 가지게 되었냐고 묻는다면 꼭 그렇지도 않은 것 같다. 그 공간들은 분명 아이들을 위해 만들어졌지만 보호자 없이 아이들끼리 입장할 수 있는 곳은 아니다. 함께 다니는 친구들이 한 명도 빠짐없이 동시에 보호자의 허락과 용돈을 받아내는 건 생각보다 어렵고 번거로운 일이다.

과거와 달리 밖에서 놀기도 쉽지 않다. 조금의 여백도 없이 빽빽하게 들어찬 건물들, 어느새 일상이 되어 버린 미세먼지, 기후위기로 인해 더 잦아진 폭우와 더 심해진 폭염……. 좋은 날, 좋은 곳에서 뛰어노는 기쁨은 마음먹고 도시를 벗어나야 가능한 이벤트가 된 지 오래다.

그래서 아이들은 마트로 온다. 마트는 누구에게나 열려 있고, 입장료를 준비하거나 허락을 구할 필요도 없으니까. 아무리 오래 머물러도 눈치 주지 않고, 깨끗한 화장실과 충분한 의자도 있다. 날씨의 영향도 받지 않으며 우리 집에서도 친구네 집에서도 가깝다. 게다가 공짜 음식까지 있다! 이쯤 되면 마트야말로 진정 아이들을 위한 곳이 아닐까.

여가형 아이들이 마트에서 노는 모습은 대체로 비슷

비슷하다. 제일 먼저 1층 식품 매장을 한 바퀴 돌며 시식을 즐긴다. 행사 직원들이 모두 출근하는 주말은 그야말로 뷔페가 따로 없다. 소고기, 수박, 복숭아, 냉동만두, 치킨너겟, 라면, 비빔면, 우동, 시리얼, 치즈, 미숫가루, 요구르트, 콤부차……. 한 바퀴만 돌아도 대략 스무 가지 음식을 맛볼 수 있다. 그렇게 배를 채운 뒤에는 지하로 내려간다. 지하에는 규모가 꽤 큰 장난감 매장이 있다. 그곳을 돌아다니며 견본품으로 나와 있는 사격 게임과 축구공, 미니 오락기를 가지고 논다. 학생들의 참새 방앗간인 팬시 문구 코너도 물론 마련되어 있다.

마지막은 역시 롯데리아. 널찍한 테이블에 둘러앉아 소프트콘이나 양념감자, 여유가 있다면 햄버거 세트를 먹으며 한바탕 수다를 떤다. 이 모든 코스를 마치고 나면 어느새 한나절이 지나 있다. 가끔은 그렇게 놀다 간 아이가 저녁 무렵 엄마, 아빠와 함께 다시 나타나기도 한다. 아까보다 조금 더 의기양양해진 모습으로 카트를 끌며.

온라인 시장이 확대되며 오프라인 매장의 입지가 줄어들수록 마트는 점점 더 아이들을 위한 공간이 되어간다. 때로는 살아남기 위해 전략적으로, 때로는 의도하지 않았지만 얼떨결에. 이제 생필품과 식료품은 온라인으로 더 싸게, 더 쉽게 구입할 수 있다. 오늘 밤에 주문하면 내일 아침 눈을 뜨기 전에 받을 수도 있다. 그렇다면 남은 건 마트라는 공간 그 자체다.

제 발로 찾아온 어린이들과 달리 아기들은 마트가 먼저 나서서 적극적으로 끌어온 손님이다. 이 도시의 아기들은 어린이집에 가기 전 마트 문화센터 수업을 통해 세상을 만난다. 그게 너무나도 보편적 수순이라 영아기와 유아기 사이에 '문센기(문화센터 시기)'라는 발달 단계가 추가된 것 같다. 신도시에 지어진 마트에는 아기와 엄마에게 필요한 모든 것이 있다. 마트 문화센터에서 첫 사회생활을 경험하고, 마트 안 소아과에서 진료를 받고, 마트에서 파는 프리미엄 이유식을 먹고, 마트에서 장을 보고 돌아가는 아기의 하루. 그 아이들은 자라서 마트를 어떤 곳으로 기억하게 될까?

노키즈존이 우후죽순 생겨나고 그에 대한 다양한 의견들이 엎치락뒤치락 뒤엉켜 싸우고 있지만 마트만큼은 여전히 다른 말이 필요 없는 최고의 예스키즈존이다. 여기밖에 올 수 없는 것과 여기에도 올 수 있는 것은 다르니 아이들을 위한 곳이 더 많아진다면 좋을 것이다. 하지만 지금 당장은 여기라도 있어서 다행이라는 생각이 든다. 그 한가운데에 서서 새로운 마트 키즈의 탄생을 목격하며 앞으로의 마트는 또 어떻게 변해 갈지 짐작해본다. 내가 파는 건 커피라서 아기들에게도 어린이들에게도 주지 못하고 그저 손만 흔들어줄 뿐이지만.

정직원은 소중하니까

늦은 점심을 먹고 잠시 눈을 붙이려고 휴게실로 올라가는 길. 평소에는 조용하던 2층 복도가 웬일인지 북적거렸다. 무슨 일인가 싶어 가까이 가보니 언제 설치했는지 모를 간이 부스가 눈에 들어왔다. 어제까지만 해도 없었던 부스의 정체는 직원들을 위한 찾아가는 건강관리 프로그램이었다. 곁눈질로 힐끔 보니 그리 대단한 건 아닌 듯했다. 몸무게와 혈압을 재고 문진표를 작성하면 외부에서 온 전문가가 간단한 상담을 해주는 시스템. 시간도 얼마 안 걸릴 것 같은데 나도 한번 해볼까? 그렇게 생각하던 찰나, 오다가다 몇 번 눈인사만 나눴던 버섯 언니가 나보다 먼저 빈자리에 앉았다. 가운을 연상시키는 흰 셔츠를 입은 상담사는 환한 미소로 언니를 반기며 이름을 물었다. 하지만 그 미소는 곧 당황스러운 표정으로 바뀌고 말았다.

"음…… 명단에 성함이 없네요. 혹시 소속이 어떻게 되세요?"

"네? 저기 뭐야, 농산물팀……."

덩달아 당황한 언니 대신 그 상황을 마무리한 건 자판기 앞 벤치에 앉아 커피를 마시던 간장 언니였다.

"아유, 이 언니도 참 주책이야. 언니! 그거 여기 직원들만 해주는 거야."

"어머! 그래? 난 몰랐지. 아이고. 미안해요, 미안해."

황급히 자리에서 일어나는 버섯 언니의 뒷모습을 바라보던 나는 화끈거리는 얼굴을 들킬까 봐 얼른 휴게실로 들어갔다. 그제야 깨달았다. 부스에 앉아 문진표를 작성하고 있던 사람들은 모두 마트 소속이라는 사실을.

이 매장에서 일하는 직원들은 왼쪽 가슴에 똑같이 생긴 명찰을 달고 있다. 아르바이트생부터 점장까지 그 누구도 예외는 없다. 하지만 그게 우리가 같은 곳에 소속되어 있다는 뜻은 아니다. 직원이 백 명이라면 그중 마트에 직접 고용된 사람은 스무 명쯤 될까. 아니, 어쩌면 그보다 적을지도 모른다. 마트의 고용구조는 한 마디로 딱 잘라 설명할 수 없이 복잡하다. 빠른 이해를 위해 표를 그려본다면 대충 이런 모습일 것이다.

마트 직접 고용	정규직	
	계약직	
마트 간접 고용	파견업체 직접 고용	고정
		행사
	파견업체 간접 고용	장기 행사
		단기 행사

대부분의 마트는 위의 표를 피라미드 모양으로 바꾼 형태로 운영된다. 피라미드의 꼭대기, 마트에 직접 고용된 정규직은 극소수다. 공채를 통해 입사한 그들은 소위 말하는 커리어를 쌓으며 일한다. 승진의 기회가 열려 있으며 그에 따른 연봉 상승을 기대할 수 있는 자리. 운이 따른다면

점장까지 올라갈 수도 있다. 바로 아래층인 계약직 역시 마트 소속이다. 비록 경력에 관계없이 최저시급에 가까운 급여를 받지만 4대 보험에 가입되고 연차가 발생하며 분기별로 성과급도 지급된다. 기업형 슈퍼마켓에서 계산원으로 근무하고 있는 엄마가 바로 이 경우다.

피라미드의 하부를 구성하는 직원들은 파견업체와 고용계약을 맺은 외부 인력이다. 근무시간과 휴식 시간, 업무 방식, 머리 모양에서부터 신발 색깔까지 하나하나 마트의 지시와 규정에 따라야 하지만 누구도 그들을 '진짜' 마트 직원이라고 생각하지 않는다. 심지어 그들 자신조차도. 여기 속한 사람들은 다시 둘로 나뉜다. 파견업체에 직접 고용된 경우와 간접 고용된 경우로. 전자는 회사에 소속된 근로자라고 말할 수 있지만 후자는 일급에서 3.3퍼센트를 공제한 금액을 근무일수만큼 지급받는 일용직이다. 각각의 유형은 다시 둘로 나뉘어 고정(제품의 발주와 진열을 담당)과 행사 고정(제품의 판매를 담당), 장기 행사와 단기 행사로 불리는데…… 여기까지 들어가면 너무 복잡해지니, 일단 이쯤에서 설명을 마친다.

어딜 가나 그렇듯 마트에서도 피라미드는 곧 계급이

다. 층과 층 사이에는 보이지 않는 벽이 있고, 아래층은 위층의 눈치를 살필 수밖에 없다. 그나마 대기업은 상황이 조금 나은 편이다. 윤리 경영이 새 시대의 트렌드로 자리 잡으며 협력사와 파견업체 직원들을 존중하는 '척'이라도 시작했기 때문이다. 마트계의 대감집으로 불리는 이마트에는 업무 지시 방식과 호칭 등 외부 인력에 대한 최소한의 가이드라인이 있다. 이를테면 단 하루를 근무하는 초단기 아르바이트생에게도 '파트너님'이라는 존칭을 쓰는 식이다. 하지만 3대 대형마트(이마트, 홈플러스, 롯데마트)를 벗어나는 순간 이 모든 건 꿈 같은 소리가 된다.

내가 가장 오래 머물렀던 매장은 피라미드가 계급을 넘어 신분에 가까운 곳이었다. 그곳에서 나는 '파견업체 직접 고용-행사' 형태로 근무했는데, 조선시대로 치면 천민이었다. 고귀하신 양반 계급에 속하는 정규직 오 대리는 천민의 인사는 받지 않기로 유명했다. 적어도 평민(파견업체가 직접 고용한 고정 직원) 정도는 되어야 그와 말을 섞을 수 있었다. 나중에 알게 된 사실이지만 그도 처음부터 양반은 아니었다고 한다. 양반의 서자쯤 되는 계약직 출신이었던 것이다. 그곳에서 1년을 근무한 뒤 나는 3대 대형마트가 아닌 곳에는 가지 않게 되었다.

요즘 엄마와 나 사이에는 새로운 유행어가 생겼다. "정직원은 소중하니까." 이 말이 처음 나온 건 다이어리 때문이었다. 엄마가 근무하는 매장에서는 연말이 되면 직원들에게 다이어리를 지급한다. 물론 엄마를 비롯한 계약직들은 한 번도 받아본 적 없지만. 그러다 올해는 누군가 남는 다이어리가 있는지 물었다고 한다. 돌아온 대답은 이랬다.

"이건 정직원만 주는 거예요."

그 모습을 지켜본 엄마의 마음이 어땠을지는 내가 제일 잘 안다. 코로나19 초기에 나도 비슷한 말을 들은 적이 있다. 사무실에서 모든 직원에게 마스크를 지급한다는 소식을 듣고 동료 언니들과 함께 기뻐했는데, 그 자리에 함께 있던 마트 소속 정직원이 한 마디를 남기고 유유히 사라졌다.

"자기들은 안 줄걸? 우리 직원이 아니잖아."

누군가는 이렇게 말할지도 모르겠다. 회사가 직원을 챙기는 게 뭐가 문제냐고. 그들과 똑같은 대우를 받고 싶으면 노력해서 정직원이 되라고. 맞는 말이다. 하지만 그렇게 따지면 나도 할 말이 많다. 매장을 방문하는 고객과 가장 밀접하게 맞닿아 있는 사람은 마트 소속 직원이 아닌 파견업체 직원들이다. 정규직은 너무 적고, 그래서 늘 고객의 시야에 보이지 않고, 결국 각종 문의와 요구에 즉각적으로 대응하는 건 행사 직원들의 몫이다.

커피를 파는 내게 누군가 불고기양념이 어디에 있냐고 묻는다면 나는 조금도 망설이지 않고 제품의 위치를 알려준다. 도움이 필요한 상황이라면 잠시 자리를 비우고 양념 코너까지 함께 가주기도 한다. 그러다 정작 내 손님을 놓치게 되더라도. 마트 역시 이런 상황을 잘 알고 있기에 파견업체 직원들을 늘 관리하고 교육한다. 바로 내가 마트를 대표하는 얼굴이니 언제나 누구에게나 친절해야 한다고. 우리는 이럴 때만 비로소 진짜 마트 직원이 된다.

출근 시간도 휴무일도 들쑥날쑥한 스케줄 근무를 하는 엄마에게 일정 체크는 필수다. 문구점에서 한 해 동안 엄마의 다이어리가 되어줄 달력을 고르며 생각했다.

'어쩔 수 없지 뭐. 정직원은 소중하니까.'

이 말이 우리 사이의 농담 섞인 유행어가 되기까지 엄마에게는 또 어떤 일들이 있었을까. 너무 사소해서 내게 말하지 않은, 혹은 너무 대단해서 내게 말하지 못한 순간들이 엄마의 마음속에는 얼마나 많이 쌓여 있을까. 하지만 차마 그 모든 것을 마주할 용기는 없고, 대신 엄마에게 전화를 걸어 이렇게 물었다.

"꽃 그림이랑 나무 그림 중에서 뭐가 더 좋아?"

정직원은 소중하다. 업무의 폭도 넓고 책임져야 할 일도 훨씬 많다. 하지만 그게 정직원 외의 다른 사람들이 소중하지 않다는 뜻이 될 수는 없다. 더 중요하고 덜 중요한 사람은 당연히 있겠지만 그게 신분이나 계급이 되지는 않았으면. 계약직도 파견업체 소속도 모두 소중한 구성원으로 존재할 수 있었으면. 꽃 그림이 그려진 달력을 품에 안고 집으로 돌아가며 아직은 욕심일 게 분명한 소망이 이루어지기를 빌었다.

밥이라는 문제

 우리 매장에는 밥을 위한 공간이 있다. 직원 식당을 말하는 거냐고? 아니, 그건 여기 말고도 어디에나 있다. 수십 종류의 쌀과 잡곡이 모여 있는 농산물 코너의 구석 매대나 그 맞은편에 다소 뜬금없이 자리하고 있는 생선구이 솥밥 정식집을 말하는 것도 물론 아니다. 1층 식품 매장과 후방을 연결하는 짧은 통로. 내가 말하는 곳은 바로 여기다.
 고객을 응대하는 서비스직이 대개 그렇듯 마트 역시 근무 중 개인 용무를 위한 스마트폰 사용을 금지하고 있다. 근태 관리부터 시작해 매출 보고, 각종 공지사항 전달까지 업무에 필요한 모든 소통이 카카오톡을 통해 이루어지기에 스마트폰을 아예 사용하지 않을 수는 없지만(그러면서 다들 몰래몰래 딴짓도 하지만), 통화만큼은 고객이 보지 않는 곳에서 하는 게 원칙이다. 이 부분에 특히 예민한 사무실 오 대리에게 걸리면 여러모로 피곤해지기 때문에 배짱 좋은 언니들도 매장에서는 웬만하면 전화를 받지 않는다.

진동이나 벨소리가 울리는 스마트폰을 들고 우리가 향하는 곳은 정육 코너 옆 '관계자 외 출입 금지' 안내문이 붙어 있는 은색 문이다. 그 문을 열고 들어가면 후방으로 가는 길이 시작되는데, 모두들 그곳을 비공식 통화 구역으로 이용하고 있다.

매장과 후방을 오가며 자연스럽게 듣게 되는 통화는 열에 일곱이 밥 얘기다. 아침에 끓여놓고 나온 국은 잘 데워 먹었는지. 냉장고에 있는 반찬들은 잊지 않고 꺼내 먹었는지. 문 뒤에 서서 언니들은 늘 묻는다. 아들에게, 딸에게, 때로는 남편에게. 내 밥을 먹는 곳이 아닌 가족들의 밥을 챙기는 곳. 밥을 위한 공간이라는 건 그런 의미다.

보통의 직장인의 생활 패턴과 정반대로 돌아가는 유통업계 특성상 마트 직원들은 주말이나 공휴일, 늦은 시간에 일하는 경우가 많다. 이런 스케줄에 맞춰 근무하다 보면 가족들의 식사를 때맞춰 차릴 수 없는 날이 대부분이다. 그래서 언니들은 출근 전에 미리 밥을 해둔다. 데우기만 하면 바로 먹을 수 있도록 국이나 찌개를 끓여놓고, 밑반찬을 만들어 냉장고를 채워놓고, 상황이 여의치 않을 때는 간단하게 끼니를 때울 수 있는 밀키트나 냉동식품이라도 사다 놓는다. 내가 없는 집에서도 가족들이 불편함 없이 밥을 먹을 수 있게 하는 것. 언니들에게 가장 중요하고 시급한 문제는 언제나 이것이다.

사람들이 너무 쉽게 간과하는 사실이 있다. 누군가를 위해 밥을 차린다는 건 단순히 요리한다는 것만을 의미하지 않는다. 식사를 준비하는 과정에서 요리라는 행위 그 자체는 가장 중요하지만 가장 큰 부분은 아니라는 말이다. 요리를 하려면 먼저 장을 봐야 한다. 낭비 없이 효율적으로 장을 보려면 냉장고에 있는 식재료를 파악하고 있어야 하고, 거기에 무엇을 더해 어떤 음식을 만들지 대략적인 계획도 세워야 한다. 메뉴를 구상할 때는 가족들의 취향과 계절, 식사 인원과 시간대까지 고려하게 된다. 이 모든 과정을 담기에 요리라는 말은 언제나 너무 작다.

"아휴, 그놈의 밥밥밥! 아주 지겨워 죽겠어!"

입을 모아 말하면서도 언니들은 자신이 식구들의 밥을 챙기는 것이 당연하다고 생각한다. 엄마란, 아내란, 여자란 원래 그런 거니까. 그래야 한다고 배웠으니까. 일하는 틈틈이 식재료 할인 정보를 체크하고, 퇴근과 동시에 장을 보고, 무거운 장바구니를 들고 집에 도착해 다시 다음 날 먹을 음식을 만들고……. 매일매일 반복되는 밥밥밥 메들리가 내 눈에는 너무도 수고롭고 분명한 노동 같은데, 이런 얘기를 하면 언니들은 그 생각이 몹시 불경스럽다는 듯 혀를 찬다. 그럴 때의 언니들은 꼭 우리 엄마를 닮았다.

하루 종일 창고와 매장을 오가며 천장까지 쌓여 있는 라면 박스를 진열한 진희 언니는 퇴근 후 옷을 갈아입자마자 다시 매장으로 내려와 장을 본다. 카트에 담긴 LA갈비와 각종 채소들은 오늘 밤 언니의 또 다른 일거리가 되겠지. 이런 생각을 하면 역시 하루도 빈손으로 돌아오는 날이 없는 엄마가 떠올라서 속상해진다.

"언니, 또 장 봤죠! 다 큰 자식들이랑 남편 밥을 왜 맨날 언니가 챙겨요. 그냥 놔두고 언니도 퇴근하면 좀 쉬어요. 오늘 물류 많이 들어와서 추가 근무도 했는데……. 아까 손목 아프다고 보호대까지 차고 일했잖아요."

"에이, 그래도 그게 아니지. 자기도 나중에 결혼해서

애들 낳아봐. 하기 싫어도 어쩔 수 없이 하게 돼."

"저는 결혼도 안 하고 자식도 안 낳을 거예요. 그냥 제 밥만 챙기면서 살 거예요."

"아이고, 우리 딸이랑 똑같이 말하는구나? 하여간 요즘 여자애들은 자기밖에 몰라서 큰일이야, 쯧쯧……."

누군가를 위해 밥을 차리는 삶을 살지 않을 거라고 말하는 젊은 여자를 세상이 어떻게 바라보는지 이곳에서 일하며 자주 깨닫는다. 야무지고 싹싹하지만 자기밖에 모르는 요즘 여자애. 여기서의 나는 그런 캐릭터다. 밥밥밥, 그놈의 밥 때문에.

식품 매장 한가운데 서서 지나가는 여자들을 바라본다. 호주산 소고기와 미국산 소고기를 꼼꼼하게 비교하는 여자를. 사과를 고르는 여자를. 한참을 고민하다 1킬로짜리 감자를 내려놓고 3킬로짜리로 바꿔 담는 여자를. 그중에는 퇴근 후에도 곧바로 집에 가지 못하고 다시 매장으로 돌아와 장을 보는 언니들처럼 어딘가에서 긴 하루를 보내고 엄마 혹은 아내로서 두 번째 출근을 한 사람들도 있을 것이다.

내가 없는 집에서 아내와 자식들이 끼니를 거르지는

않았을까 걱정하느라 일하다 말고 주변의 눈치를 살피며 전화를 거는 남자를 나는 아직 본 적이 없다. 전업이든 맞벌이든 밥 걱정은 항상 엄마의 몫이고, 사랑과 관심이 듬뿍 담긴 밥을 먹고 무럭무럭 자란 아이들은 오래된 역할을 그대로 보고 배운다. 밥밥밥 메들리는 그렇게 대를 이어 전해졌겠지. 유구한 역사처럼, 지켜야 할 전통처럼.

주말의 매장 역시 평일과 크게 다르지 않다. 주도적으로 장을 보는 여자들과 자아를 잠시 내려놓고 그 옆에서 시키는 대로 카트를 미는 남자들. 모두가 화목하고 단란한 가족이라고 말하는 모습을 가만히 구경하다 남몰래 수첩을 꺼내 적는다. 밥이라는 문제에 대한 복잡한 마음을. 이 문제에 과연 답이 있을까? 밥밥밥, 그놈의 밥 타령이 들려오는 마트에서 나는 오직 내 밥에 대해서만 생각한다. 그 답이 어디에 있든 자기밖에 모르는 요즘 여자애인 내가 찾을 수는 없을 것이다. 내 답은 언제나 오답이 될 테니까.

아파서 웃긴 농담

　세연 씨의 첫 등장은 충격적이었다. 여름부터 가을까지 이어진 푸드코트 리모델링 공사가 마침내 끝나고 재오픈 기념 행사로 3500원에 판매하는 짜장면을 먹기 위해 손님도 직원도 길게 줄을 서던 때였다. 언제 다시 찾아올지 모를 이런 기회를 놓칠 수 없지. 저녁 시간이 되자마자 나도 얼른 푸드코트로 달려갔다.

　아무리 3500원이라지만 부실해도 너무 부실한 짜장면에 잔뜩 실망하고 나오는 길, 푸드코트 바로 옆 화장품 매장에서 낯선 얼굴을 발견했다. 원래 근무하던 직원이 곧 그만둘 예정이라더니 새로 왔나 보네. 아니, 그런데…… 저렇게 예쁜 사람이 왜 여기에 있어? 방송국에 있어야 하는 거 아니야? 긴 머리를 하나로 질끈 묶고 재고 정리를 하는 평범한 모습이 너무도 비범하게 아름다워서 나도 모르게 넋을 놓고 바라봤다. 그게 내가 기억하는 세연 씨의 첫인상이다.

오다가다 몇 번 가벼운 눈인사를 주고받긴 했지만 세연 씨와 말을 섞을 기회는 좀처럼 찾아오지 않았다. 화장품 매장 앞을 지나갈 때면 속으로 생각했다. 저렇게 예쁜 사람의 삶은 어떨까? 잘은 몰라도 나와는 완전히 다른 세계에 살고 있겠지? 어쩌다 세연 씨의 활짝 웃는 모습을 본 날에는 이상하게 설레기도 했다. 언니들 사이에서도 세연 씨는 '화장품 매장 예쁜 애'로 통했다. 그 아름다움에 익숙해질 때쯤 계절은 초가을을 지나 늦가을에 접어들었다.

"아휴, 진짜 미치겠네! 주변에 혹시 딱 3주만 일할 친구 없어? 우리 행사 또 펑크야. 아직 대학생들 방학 전이라 그런가? 사람 구하기가 왜 이렇게 힘드니?"

매장에 손님이 없어 모두 지루함에 몸을 배배 꼬고 있던 어느 평일 오후, 딱 한 사람 주류 업체 고정 언니만 발을 동동거리며 바쁘게 돌아다니고 있었다. 사정을 들어보니 당장 이번 주말부터 근무하기로 했던 맥주 행사 아르바이트생이 갑자기 펑크를 낸 거였다. 급하게 구인 공고를 올렸지만 지원자가 없어 난감한 모양이었다. 이틀 안에 무슨 수로 사람을 구하냐며 하소연하던 언니가 때마침 바로 옆을 지나가던 세연 씨를 불러 세웠다.

"안 그래도 물어보러 가려고 했는데 잘됐다! 자기 혹시 알바 할 친구 없어? 급하게 구하는 거라서 페이도 꽤 높은데."

뭔가를 생각하는 듯 잠깐 뜸을 들이던 세연 씨가 곧 머쓱하게 웃으며 대답했다.

"아, 제 친구들은 다 회사 다녀서……."

딱히 뭘 잘못한 것도 아닌데 말꼬리를 흐리게 되는 건 나 역시 마찬가지였다.

"제 친구들도……."

그 순간 눈이 마주친 세연 씨와 나는 그만 소리 내서 웃고 말았다. 어이없는 표정으로 그 모습을 바라보던 맥주 언니가 장난스럽게 등짝을 때리며 우리를 타박했다.

"이 아가씨들이 뭐가 좋다고 웃고 있어! 자기들도 얼른 자리 잡아야지!"

그 말이 뭐가 그렇게 웃겼는지 언니가 떠난 뒤에도 우

리는 그 자리에 서서 한참을 더 웃었다. 그날 처음으로 세연 씨와 이야기를 나눴다. 전부터 친해지고 싶었는데 너무 예뻐서 망설였다는 내 말에 세연 씨는 호쾌하게 웃으며 이름과 나이를 알려주었다. '화장품 매장 예쁜 애'의 이름이 세연이라는 것도, 나보다 두 살이 어리다는 것도, 미대를 졸업하고 디자이너로 일하다가 지금은 일러스트레이터를 꿈꾸며 그림을 그린다는 것도 그렇게 알게 되었다.

"자기들도 얼른 자리 잡아야지!"

그 말에 이렇게 웃게 되기까지 어떤 시간을 지나왔는지 굳이 설명하지 않아도 다 알 것 같아서, 그 알 것 같음이 우리를 빠르게 가까워지게 했다. 그 뒤로 매장에서 마주칠 때마다 우리는 인사 대신 서로에게 "얼른 자리 잡아야지!"라는 말을 건넸다. 나와 완전히 다른 세계에 살고 있을 줄 알았던 세연 씨와 같은 세계의 농담을 주고받는 일이 신기하고 즐거웠다.

"언니, 오늘 밥 같이 먹을래요?"

리뉴얼 행사가 끝난 뒤로 아무도 줄을 서지 않는 푸드코트에서 세연 씨와 함께 저녁을 먹었던 날이 떠오른다. 늘 장난기 가득하던 눈이 조금 슬퍼 보이기도, 지쳐 보이기도 했던 날이었다. 주꾸미정식과 함께 나온 솥밥을 그릇에 덜며 세연 씨가 말했다.

"언니는 회사 그만둔 거 후회 안 해요?"

"하죠, 매일 하죠. 그렇게 오래 다닌 곳은 없지만 다 아쉬워요. 조금 다니다 그만둔 회사도, 면접 붙었는데 거절한 회사도, 여긴 아니다 싶어서 도망친 회사도."

"저는 후회 안 했거든요. 전 직장이 너무 지긋지긋해서 한 번도 아쉬운 적 없었어요. 그래도 같이 일하는 사람들은 좋았어요. 아직도 연락하고 지내는데…… 동갑이라 제일 친했던 친구가 요즘 일러스트 외주를 꽤 받더라고요. 걔는 아직 거기 다녀요. 그 얘기 듣는데 나 지금 뭐 하는 거지 싶었어요. 난 아직 그림으로 알바만큼도 못 버는데."

"그래서 후회됐어요? 회사 그만둔 거."

"잘 모르겠어요. 그런 것 같기도 하고, 아닌 것 같기도 하고. 언제까지 여기서 알바만 하면서 지낼 수는 없는데 그림으로 잘 풀릴 것 같지도 않고……."

"저는 요즘 인스타그램을 보는 게 힘들어요."

"왜요?"

"다른 작가들이 너무 부지런해서요."

"다들 글을 열심히 써서?"

"착실하게 회사 다니면서 쓴 소설로 문학상 받는 사람도 있고, 1년에 몇 권씩 책 내면서 강연까지 다니는 사람도 있고……. 그러면 어쩔 수 없이 비교가 되는 거예요. 나는 겨우 이런 거 쓰려고 이렇게 살고 있나? 그런 생각을 하면 불안해져요. 내가 좀 한심해지기도 하고요."

"아, 뭔지 알 것 같아요. 저는 퇴사하고 나니까 제 그림이 안 예뻐 보이더라고요. 더 잘 그려야 될 것 같은 부담감만 커지고."

"어렵다, 어려워……."

"언니, 근데 이 타이밍에 할 말은 아닌데요."

"네?"

"그러니까 얼른 자리 잡아야지!"

그 말 때문에 방금 전까지 털어놓던 고민을 잊은 채 한바탕 웃고 말았다. 분위기가 너무 무거워질까 봐 일부러 던진 농담이라는 걸 알아서 더 열심히 웃었다. '화끈하게 매운맛'으로 주문한 주꾸미볶음은 정말로 혀에 불이 붙은 것처럼 매웠다. 너무 매워서 코를 훌쩍이다가, 또 무슨 말에 한참 깔깔대다가. 그러다 보니 둘 다 얼굴이 벌게진 채로 푸드코트를 빠져나왔다. 화장품 매장으로 돌아가는 세연 씨에게 손을 흔들며 생각했다. 자리를 잡는다는 건 뭘까?

다들 지금 여기는 아니라는데, 그러면 우리는 어디로 가야 할까?

 마트에서 일하다 보면 종종 나 같은 회사 밖 청년들을 만난다. 그들이 현대 사회의 신분이나 다름없는 정규직 타이틀을 포기하고 마트 계약직으로, 아르바이트로 일하는 이유는 비슷하지만 모두 다르다. 그 사연 하나하나를 듣게 되는 순간들이 내게는 무척 소중했다. 좋아하는 일에 매달리다가, 죽도록 싫은 일로부터 도망치다가, 잘해보려고 노력했지만 결국 망해버린 일을 수습하다가, 어디로 가야 할지 몰라 이리저리 헤매다가. 그러다 마트라는 곳에 닿아 숨을 고르며 여기까지 흘러온 과정을 이야기하는 우리가 꼭 무리를 따라가지 못한 철새 같았다. 나만 여기 남은 줄 알았는데 너도 있었네? 그런 이야기를 주고받다 보면 서로의 존재 자체가 위로가 됐다. 더 늦기 전에 자리를 잡아야 한다는 경고에 한없이 심각해지는 대신 그냥 깔깔 웃어버릴 수 있었다.

 있어야 할 곳에 있다는 기분. 여기가 바로 내 자리라는 느낌. 그런 것들이 나에게는 꼭 환상 같아서 잡아보려고 손을 뻗을수록 점점 더 멀어지기만 한다. 여기가 아닌 다른 곳을 찾아가라는 말을 듣지 않아도 되는 진짜 내 자리에 언젠가는 도착할 수 있을까? 그런 날이 영영 오지 않을 것 같아 덜컥 겁이 날 때면 세연 씨를 생각한다. 사실 울고 싶었던 그날, 그래서 일부러 매운 음식을 먹었던 그날, 그러다 결국 얼굴이 벌게지도록 웃고 말았던 우리를 떠올리면 마음속 깊은 곳에서 아주 작은 용기가 피어오른다. 세연 씨 역시 같은 용기를 품에 안고 꼭 어울리는 자리에 도착하기를. 아니, 도착했기를. 우리가 다시 만나게 될 일은 없겠지만 그럼에도 만약 그런 일이 생긴다면 그때는 우리 사이에 새로운 농담이 다리처럼 놓였으면 좋겠다. 아파서 웃긴 농담 말고 그냥 웃긴 농담이.

2장

언니들에게는 있고 나에게는 없는 것

멘트의 기술

어떤 일을 꾸준히 계속하다 보면 그게 비로소 진짜 내 일처럼 느껴지는 순간이 찾아온다. 자석의 다른 극처럼 일과 내가 서로에게 착 달라붙는 순간. 잘 설계된 자동화 기계처럼 머리로 생각하기 전에 몸이 먼저 움직이는 순간. 보통은 그걸 '일이 손에 익었다'라고 표현하지만 나는 조금 다르게 말하고 싶다. 우리의 일은 손에 익기보다 입에 붙는 방식으로 익숙해진다. 그러니까 바로 이렇게.

"설탕을 줄여 건강한 커피 ○○○입니다. 오늘 이 시간에만 가격 행사와 증정 행사 함께 진행하고 있어요. 저렴한 가격에 증정품까지 받아가세요!"

설탕을 줄여봤자 커피 믹스가 커피 믹스 아니냐고? 맞다(사실 얼마 줄이지도 않았다). 그 행사, 어제도 했고 내일 또 하는 거 아니냐고? 앗, 들켰네……. 그래도 나는 뻔뻔한 얼굴로 이렇게 외친다. 어쩔 수 없다. 멘트란 원래 그런 거니까.

경우에 따라 진열이나 재고 관리, 발주 같은 일을 할 때도 있지만 나의 주요 업무는 판촉이다. 마트에서는 시식, 할인, 덤 증정, 경품 추첨 등의 다양한 판촉 활동을 통틀어 '행사'라고 부른다. 소주잔만 한 종이컵에 새 모이처럼 감질나게 음식을 담아 권하는 사람들. 냉동식품 코너에서 만두를 고르고 있으면 어디선가 쓱 나타나 "아이고, 고객님! 이게 더 맛있어요. 이걸로 하시면 김치만두 한 봉지 더 붙여드릴게!" 은밀한 거래를 제안하는 사람들. 때로는 반갑고 때로는 귀찮은 그들이 바로 우리, 행사 직원이다.

행사 직원의 역량과 숙련도를 결정하는 가장 중요한 요소는 영업 멘트다. 손이 야무지지 못해 제품을 진열하는 솜씨가 어설퍼도 괜찮다. 그런 건 진열 담당자의 도움을 받으면 되니까. 마음이 여려 손님을 뺏고 뺏기는 전쟁 같은 경쟁에 끼어들지 못해도 괜찮다. 매출 욕심이 지나쳐 툭하면 동료들과 다툼을 일으키는 사람보다 두루두루 잘 지내며 적당히 손해도 볼 줄 아는 사람이 오히려 더 오래 일하는 경우가 많다. 하지만 이 멘트를 치지 못한다면 곤란하다. 그건 누구도 도와줄 수 없고 다른 무엇으로도 대신할 수 없는 영역이기 때문이다.

행사가 시작되면 그 내용을 최대한 많은 고객에게 알려야 한다. 어떤 제품을 맛볼 수 있는지, 정가보다 얼마나 저렴한지, 지금 구입하면 덤으로 무엇을 받을 수 있는지. 행사 직원은 영업 멘트를 통해 다양한 정보를 전달한다. 마트에는 셀 수 없이 많은 제품이 있고, 진열된 모든 제품에 공평하게 관심을 주는 고객은 극히 드물다. 그래서 업체들은 인건비를 들여 직원을 세워둔다. 제품은 말을 할 수 없으니 사람의 입을 빌리는 것이다.

적절한 비유일지 모르겠지만 내가 생각하기에 영업 멘트는 낚시와 비슷한 것 같다. '여기 좀 봐주세요!'라는 목적을 달성하기 위해 온갖 미끼를 던진다는 점에서 그렇다. 필요하다면 약간의 과장과 거짓을 섞어 조미료를 치기도 한다. 설탕을 살짝 줄인 커피 믹스가 건강 음료가 되고, 다음 주까지 계속되는 할인 행사가 오늘만 만날 수 있는 절호의 찬스가 되는 식으로(물론 진짜일 때도 있으니 너무 원망하지 마시길……). 떡밥이든 실지렁이든 일단 뭐라도 던져야 그걸

무는 사람이 생긴다. 아무도 귀담아듣지 않아도 계속해서 멘트를 치는 이유다.

행사 일이 처음인 초보자들은 대부분 멘트 치는 것을 어려워하거나 두려워한다. 전자라면 차라리 다행이다. 내가 맡은 제품의 셀링 포인트(selling point), 다시 말해 구매 욕구를 일으키는 요소가 무엇인지, 이 제품의 주 고객층은 어떤 사람들인지, 경쟁사 제품과 비교했을 때 우리 제품의 뚜렷한 차별점은 무엇인지. 일을 하다 보면 그런 것들이 하나씩 자연스럽게 눈에 들어오고, 그러다 보면 어떤 손님에게 어떤 멘트를 쳐야 할지 서서히 감이 잡힌다. 이 과정은 누구나 겪는 것이기에 아무런 문제가 되지 않는다.

문제는 후자의 경우다. 불특정 다수의 사람들에게 큰 소리로 말을 거는 일이 쑥스러워서, 열에 아홉은 내 말을 들은 척도 하지 않는 게 민망하고 자존심 상해서 점점 목소리가 작아지다가 저녁때가 되면 아예 입을 꾹 다물어버리는 행사자들을 종종 본다. 그게 어떤 마음인지 잘 알기에 안타깝기도 하지만 그런 마음이 계속된다면 차라리 다른 일을 찾아보는 편이 나을지도 모른다. 무엇보다도 자기 자신을 위해서.

낯선 사람에게 거절당하는 일은 물론 유쾌하지 않다. 한참을 고민하다 입 밖으로 내뱉은 영업 멘트가 아무에게도 닿지 못한 채 허공으로 흩어질 때면 불필요하고 성가신 존재가 된 것 같은 기분이 든다. 처음 이 일을 시작했던 날, 스물한 살의 나는 주차장 입구에서 담배를 피우는 카트 관리 아르바이트생들을 보며 이런 생각을 했다. 나도 담배를 배웠다면 좋았을 텐데. 한 번도 피워 본 적 없는 담배의 맛이 궁금해질 만큼 바짝바짝 속이 탔다. 내 멘트를 무시하는 사람들이 나를 무시하는 것 같아서 자꾸만 움츠러들었다. 아무런 의도 없는 침묵과 아무런 악의 없는 무표정을 확대 해석하며 내 마음에 스스로 상처를 냈던 날들. 하지만 곧 깨닫게 됐다. 멘트라는 건 말로 뿌리는 전단지나 마찬가지라는 사실을. 거리를 걷다가 원치 않는 전단지를 받았을 때의 내 모습을 떠올려보면 사람들의 무반응이 이해됐다.

그때부터 조금 다른 자세로 영업 멘트를 치기 시작했다. 이왕 전단지를 뿌릴 거라면 단 한 줄이라도 고객에게 필요한 정보를 전달하자. 제품 뒷면의 영양 정보를 반복해서 읽고, 궁금한 점은 매니저에게 물어보고, 경쟁사 제품들을 몰래몰래 탐색하며 여러 버전의 멘트를 만들고 수정했다. "새로 나온 냉장 두유 드셔보세요!"라고 말했을 때는 머쓱할 만큼 반응이 없었던 사람들이 "신선함이 다른 냉장 두유입니다. 상온 두유와 비교해보세요!"라고 말하자 가던 길을 멈추고 내게 다가왔다. "두유 꼬맹이 제법인데? 멘트 많이 늘었어." 요구르트 언니의 칭찬에 어깨가 한껏 올라가기도 했다. 행사 일이 처음으로 내게 착 달라붙었던 순간이다.

이제는 척하면 척, 신제품 포장지만 보고도 이걸 어떻게 팔아야 할지 나만의 멘트 전략을 세울 수 있다. 그래도 아직은 배울 게 많다. 증정품 하나 건네지 않고 오직 말로만 손님을 사로잡는 이 구역 판매왕, 고추장을 사러 온 사람에게 여덟 개짜리 참치캔 세트까지 가뿐하게 팔아버리는 옆자리 S식품 언니의 화려한 멘트를 귀담아들으며 오늘의 멘트를 날린다.

"고객님, 커피 믹스 180개 지금 인터넷 최저가보다 싸요. 재고가 많아서 오늘까지만 이 가격에 드립니다. 이런 기회 놓치지 마세요!"(이번에는 진짜다! 진짜로 진짜다!)

상품권보다 더 큰 선물

다음 주 화요일 오전 10시, 충정로역 OO컨벤션센터에서 상반기 워크숍 진행합니다. 본사에서 직접 준비한 워크숍이니 한 분도 빠짐없이 꼭 참석 부탁드려요. ^^

매니저가 단체 채팅방에 공지를 띄운 건 목요일 오후였다. 여덟 시간짜리 워크숍 일정을 이렇게 갑자기 통보하다니. 메시지를 확인하자마자 짜증이 밀려왔다. 워크숍 장소인 OO컨벤션센터까지는 왕복 세 시간이 넘게 걸렸다. 조금 더 검색해보니 점심으로 제공되는 뷔페가 무척 맛있다는 후기가 많아서 마음이 조금 누그러들었다.

전국 매장에서 근무하는 행사 직원들과 파견업체 관리자들, 그리고 본사 임원들까지 전부 참석하는 중요한 행사라는 게 그냥 하는 말은 아니었는지 워크숍은 생각보다 본격적이었다. 커다란 강의실에 모여 고객 응대 교육과 매출 발표(라고 말하지만 사실상 매출 압박에 가까운) 시간을 가진 뒤 타 매장 직원들과 적당히 친목을 도모하고 마무리했던 여타 워크숍과 다르게 이번에는 다양한 프로그램이 체계적으로 준비되어 있었다. 본사 개발팀에서 준비한 하반기 신제품 프레젠테이션과 파견업체 팀장이 진행하는 근무 매뉴얼 교육, 전 지점 매출 분석 보고까지 듣고 있으니 정말로 중요한 자리에 와 있는 기분이 들었다. 잠깐이지만 중요한 사람이 된 것 같은 착각에 빠지기도 했다.

오전 일정이 끝나고 찾아온 점심시간. 교육을 들으며 친해진 언니들과 함께 식당으로 향했다. 기대했던 뷔페는 소문대로 훌륭했다. 음식 하나하나의 퀄리티도 좋고 종류도 다양해서 모두 만족스러운 표정으로 접시를 채우기 시작했다. 그중에서도 인기가 제일 많아 보이는 갈비찜을 받으려고 줄을 서 있는데 뒤에서 몇 사람이 속삭이는 소리가 들렸다.

"저기 저 언니 있잖아. 노란 옷 입은 언니. 매달 받는 인센티브만 백만 원이 넘는대."

"어머, 진짜? 인센으로만 백만 원을 받으려면 도대체 몇 개를 팔아야 되는 거야?"

"그래서 팀장이 끔찍하게 챙긴다잖아. 아무튼 대단해, 수완이 보통이 아닌가 봐."

기준이 워낙 높아 불가능에 가깝다고 생각했던 인센티브를 진짜 받는 사람이 있다는 것만으로도 놀라운데 무려 백만 원이라니……! 호기심을 참을 수 없어 슬그머니 고개를 돌려 곁눈질로 주변을 살폈다. 그리고 마침내 소문의 주인공을 발견한 순간 조금 놀라고 말았다. 내가 생각했던 것보다 훨씬 나이가 많아 보이는 언니가 저 멀리서 노란 셔츠를 입고 환하게 웃고 있었기 때문이다.

"언니들은 인센티브 받아봤어요?"

식사를 하며 물으니 같은 테이블에 앉은 모두가 고개를 젓는다. 바로 옆자리의 인천 지점 언니가 새우 껍질을 까다 말고 가볍게 한숨을 쉬며 말했다.

"자기 아직 모르는구나? 애초에 인센 받을 만큼 매출이 나오는 매장에는 아무나 못 들어가. 에이스 중의 에이스만 뽑아서 그쪽으로 보내는 거야."

그 말을 듣자 노란 셔츠 언니가 더 대단해 보였다. 도대체 얼마나 뛰어난 능력을 갖췄길래 지금의 자리에 오르게 된 걸까? 그런 생각을 하며 갈비찜을 한 번 더 가져다 먹었다.

의문은 생각보다 빨리 풀렸다. 점심시간이 끝난 뒤 이어진 CS(Customer Service, 고객서비스) 교육에서 파견업체 팀장은 영상을 한 편 보여주었다. 모범 사원이 현장에서 고객을 응대하는 모습을 함께 보며 배울 점을 이야기하는 시간이었다. 영상이 시작되자 모두의 시선이 스크린에 집중됐다. 예상했던 대로 주인공은 노란 셔츠 언니였다.

인사로 시작해 커피 시음을 권하며 자연스럽게 제품 홍보로 이어지는 흐름에는 특별할 게 없었다. 팀장이 강조한 근무 매뉴얼을 정확히 지키면서도 너무 기계적으로 보이지 않게 약간의 변화를 주며 고객을 응대하는 모습이 인상적이긴 했지만 그건 경력이 쌓이면 누구나 할 수 있는 일이었다. 그런데 이상하지, 영상 속 언니의 모습에는 뭐라고 콕 집어 말할 수 없는 묘한 힘이 있었다. 그게 뭘까 한참을 생각하다가 깨달았다. 당당하고 여유로운 태도. 언니를 돋보이게 만드는 건 바로 그것이었다.

행사 직원의 능력은 매출로 증명된다. 우리끼리 주고

받는 우스갯소리 중에는 이런 말이 있다. "매출이 곧 인격이다." 현란한 말솜씨로 제품 설명을 아무리 잘해도, 독보적인 유머 감각으로 고객을 사로잡는 재주가 있어도, 그 어떤 진상 손님 앞에서도 평정심을 유지하는 의연함을 갖추어도 결국 매출이 낮으면 무능력한 사람이 된다. 그래서 행사 직원들은 유독 고객에게 깍듯하고 친절하다. 매출은 오직 고객을 통해서만 발생하니까. 무심코 건넨 한마디가 고객의 마음을 상하게 하지 않을까 노심초사하며 말을 고르고, 무리한 요구도 웬만해선 들어주려고 노력한다. 그런 일이 계속되다 보면 어느새 스스로를 낮추게 된다. 나도 모르는 사이에 자연스럽게, 혹은 알면서도 어쩔 수 없이.

하지만 노란 셔츠 언니가 나오는 영상에서는 그런 모습을 찾아볼 수 없었다. 언니 역시 예의를 갖춰 친절하게 고객을 응대했지만 그 태도는 어떤 비굴함도 초라함도 없이 산뜻했다. '고객님'을 모시는 을의 입장이 아닌 당당한 직업인으로서의 자부심이 깃든 말과 행동. "매출이 곧 인격이다"라는 말처럼 인센티브까지 받을 정도의 매출이 든든하게 뒤받쳐주고 있으니 가능한 일이었을지도 모르지만, 그런 태도에서 느껴지는 신뢰감은 제품까지 돋보이게 만들었다. 행사 일이 멋지다고 생각해본 적은 한 번도 없었지만 영상 속 언니의 모습은 의심의 여지없이 멋졌다.

오후 교육 뒤에는 외부에서 섭외한 전문 사회자가 진행하는 레크리에이션 시간이 기다리고 있었다. 이런 행사의 참여도를 결정하는 건 누가 뭐래도 상품. 회사에서 준비한 넉넉한 상품권 덕분에 분위기가 순식간에 달아올랐다. 노련한 진행 솜씨를 뽐내며 이런저런 게임을 통해 상품권을 나눠주던 사회자가 이번에는 차분한 말투로 질문을 던졌다.

"혹시 여기 10년 이상 장기 근속하신 분들도 계신가요?"

모두들 주변을 두리번거리는 가운데 몇 명의 언니들이 손을 들었다. 사회자는 쑥스러워하는 그들을 앞으로 불러냈다. 노란 셔츠 언니 역시 자리에서 일어나 앞으로 나갔다. 12년, 15년, 17년. 인터뷰를 통해 언니들의 근속연수가 밝혀질 때마다 여기저기서 탄성이 터져나왔다. 그리고 마침내 노란 셔츠 언니의 차례가 됐다.

"선생님은 여기서 얼마나 일하셨나요?"

"저는…… 20년쯤 됐습니다."

아까와는 차원이 다른 환호가 쏟아졌다. 영상 속 모습과 다르게 수줍은 미소를 지으며 부끄러워하는 언니에게 사회자가 다시 질문했다.

"와! 20년이라니 정말 대단한데요! 그 긴 시간 동안 일을 계속하게 해준 원동력이 있다면 무엇일까요?"

"어렵고 힘들 때도 많지만 그래도 저는 이 일이 재미있어요. 제 설명을 듣고 손님들이 제품을 구입하실 때 보람을 느끼고, 그 순간이 참 뿌듯하고 좋습니다."

앞으로 나온 언니들은 모두 상품권이 든 봉투를 받았다. 사회자가 시키기도 전에 박수가 쏟아졌다. 고개 숙여 인사하는 언니들을 보며 문득 스스로가 부끄러워졌다. 안정적인 일자리가 아니라고, 근무일수가 적다고, 누구나 할 수 있는 일이라고, 사회적으로 인정받지 못한다고…… 내가 이런저런 핑계를 대며 이 일을 직업으로 여기지 못하고 하찮게 생각하는 동안 누군가는 자부심을 가지고 보람을 느끼며 매일 마트로 출근하고 있었다. 어쩌면 그 태도의 차이가 매출의 차이를 만들었을지도 모르겠다는 생각이 그제야 들었다.

내가 하는 일에 대한 사회적 시선이나 사람들의 평가를 바꿀 수는 없지만 그 일을 대하는 나의 태도는 얼마든지 바꿀 수 있다. 노란 셔츠 언니가 일을 대하는 태도는 마트에서 보낸 나의 지난 시간까지도 가치 있게 만들어주었다.

그래서일까, 상품권은 언니가 받았는데 내가 더 큰 선물을 받은 기분이 들었다. 선배로서의 언니에 대한 존경과 동료로서의 언니에 대한 응원을 담아 나 역시 있는 힘껏 박수를 보냈다. 수줍게 웃는 언니는 아마 몰랐겠지만 언니를 바라보는 나는 그런 마음으로 조금 벅찼다.

아저씨, 그거 진짜 애국 맞아요?

"여기 이거랑 저거, 그리고 저쪽 과자랑 음료 매대도 꼼꼼하게 확인해주세요."
"네, 알겠습니다. 전부 빼서 후방에 둘까요?"
"뭐…… 당분간은 그래야죠. 일단 그렇게 정리해주세요."

평소에는 사무실에 틀어박혀 코빼기도 안 보이던 파트장(농산 파트, 수산 파트 등 특정 부서의 책임자로 상품 배치와 입점 업체 관리, 직원 교육 같은 업무를 담당한다)이 웬일인지 직원들을 데리고 매장 곳곳을 바쁘게 돌아다닌다. 그 모습을 신기하게 바라보고 있으니 옥이 언니가 슬그머니 다가와 말을 붙인다.

"어휴, 안 그래도 매출 없어서 분위기 뒤숭숭한데, 이게 무슨 난리야."

"왜요? 무슨 일 있었어요?"

"말도 마. 그놈의 음료수 하나 때문에 매장 다 뒤집어졌잖아."

사건이 벌어진 건 개점 시간이 얼마 지나지 않은 아침이었다. 계산을 마친 한 손님이 잔뜩 화가 난 채로 고객센터를 찾았다. 번호표도 뽑지 않고 창구로 직행한 그는 자리를 지키고 있던 직원들에게 손가락질하며 대뜸 이렇게 소리쳤다.

"야, 이 매국노 새끼들아!"

그를 그토록 분개하게 만든 건 음료수였다. 그냥 음료수가 아니라 일본 회사의 로고가 찍혀 있는 음료수. 그 말을 듣고 나니 대충 상황이 파악됐다. 2019년 7월, 한일 무역 분쟁에 따른 일본 상품 불매운동이 한창이던 시기였다. 그는 직원들에게 음료수를 던지며 온갖 욕설을 퍼부었다. 그 정도가 얼마나 심했는지 웬만한 진상에는 눈 하나 깜짝하지 않는 베테랑 고객센터 담당자가 끝내 눈물을 보였다고 했다. 뒤늦게 소식을 접한 점장은 매장에 진열된 일본 제품들을 모두 철수하라는 지시를 내렸다. 그렇지 않아도 비슷한 컴플레인이 종종 들어오고 있던 참이었다.

수입 식품 코너의 미소된장도, 고추냉이도, 일본 과자도 가차 없이 창고로 쫓겨났다. 주류 코너의 맥주와 사케도 마찬가지였다. 가쓰오부시(가다랑어포)의 경우는 억울했다. 포장지에 일본어가 적혀 있긴 했지만 인도네시아산이었기 때문이다. 그래도 혹시 모를 경우를 대비해 매대에서 빼기로 결정했다. 그러자 이번에는 다른 고객들이 항의하기 시작했다. 모두가 불매운동에 동참하는 게 아닌데 물건을 아예 치워버리는 건 부당하다는 것이었다.

수입 식품 코너에는 자리를 지키고 있는 담당자가 따로 없어서 근처에 있는 나에게 날벼락이 떨어졌다. 은근슬쩍 다시 일본 제품을 진열하는지 두 눈 부릅뜨고 지켜보겠다는 손님들과 아무리 그래도 불매운동을 강요하면 안 된다는 손님들 사이에서 하루에도 몇 번씩 진땀을 뺐다. 무역 분쟁이라는 국가적인 사건이 이런 식으로 개인의 위기가 될 수 있구나……. 위기를 기회로 바꿔보려고 불만을 토로하는 손님들에게 커피를 건네며 틈새 영업을 시도했지만 별 소득은 없었다.

창고로 쫓겨났던 일본 제품들은 몇 개월이 지난 뒤에

야 다시 제자리로 돌아왔다. 매장을 발칵 뒤집어지게 만들었던 음료수를 볼 때마다 그날이 떠올라 씁쓸해졌다. 고객센터 직원에게 삿대질하고 음료수를 던지며 그가 얻은 건 무엇이었을까. 그렇게 해서 지켜낸 신념은 과연 그의 자랑이 됐을까. 그를 만난다면 이렇게 묻고 싶었다.

아저씨, 그거 진짜 애국 맞아요?

마트는 생활과 밀접한 공간이라서 크고 작은 사회적 이슈나 사건이 발생할 때마다 직접적으로 그 영향을 받는다. 불매운동처럼 특정 제품을 보이콧하는 경우도 있지만 반대로 경쟁하듯 앞다퉈 구매하는 경우도 있다. 마트에서 일하기 전까지 나는 이토록 많은 사람들이 이토록 다양한 이유로 무언가를 사재기하는지 알지 못했다. 특정 플랫폼의 새벽 배송이 보편화되고 골목마다 편의점이 들어섰지만 여전히 태풍이 예보되면 라면과 즉석식품의 매출이 눈에 띄게 오른다. 북한과의 갈등이 심화될 때도 마찬가지다. 요즘 세상에 누가 전쟁을 걱정하며 사재기하냐고 물을지도 모르지만 경기도 북부에 위치해 있으면서 주 고객층의 연령대가 높은 우리 매장에서는 잊을 만하면 한 번씩 이런 일이 벌어진다. 후쿠시마 방사능 오염수 방류를 앞두고는 전국적으로 소금 사재기가 성행해 1인당 구매 수량에 제한을 두기도 했고, 종량제봉투 가격 인상이 예고될 때면 발 빠른 손님들이 매장에 있는 재고를 모두 쓸어가곤 한다.

이제는 다 지나간 이야기가 되어버렸지만 우리는 아직도 종종 코로나 초기 마스크 대란이 일어났던 때를 회상한다. 보건용 마스크의 수요가 급증해 가격이 천정부지로 치솟자 정부가 직접 생산량을 구매해 약국이나 마트 등에서 제한적으로 구매할 수 있도록 조치를 취했는데, 우리 매장이 바로 그 '공적 마스크' 판매처였다. 다른 매장에서는 아예 찾아볼 수도 없는 마스크가 입고되긴 했지만 그 수량은 구매하려는 사람의 수에 비해 터무니없이 적었다. 번호표를 받기 위해 길게 줄을 선 사람들 중 절반 이상은 빈손으로 돌아가야 했다. 그들 중 몇몇은 어김없이 소리를 지르며 거칠게 항의했다.

"니들이 몰래 빼돌려서 물건이 없는 거 아니야!"

"에이 씨, 똥개 훈련시키는 것도 아니고. 없으면 없다고 미리 말을 해야지!"

툭 치면 화낼 준비가 되어 있는 사람들을 상대하는 일에는 엄청난 에너지가 필요했다. 아무 잘못 없이 화풀이 대상이 되는 일이 반복되자 직원들의 얼굴에는 나날이 피로가 쌓여갔다. 매일같이 그런 긴장과 갈등 속에서 일하다 보니 출근길 매장 앞에 서 있는 사람들이 무서워지기 시작했다. 전염병은 일상과 함께 다른 것도 무너뜨렸다. 사람에 대한 신뢰와 기본적인 존중, 그리고 서로의 어려움을 이해하려는 마음 같은 것들을. 고래고래 소리를 지르고 난동을 부렸던 사람들은 이미 다 잊어버렸겠지만 그 시절 매장에서 목격한 장면들을 우리는 아직 기억하고 있다.

평화롭던 매장이 혼란에 빠질 때마다 깨닫는다. 마트는 단순히 생필품을 파는 곳이 아니라 우리가 사는 세상과 그 속에서 벌어지는 다양한 갈등이 투영되는 이 사회의 축소판이라는 것을. 사람들이 카트에 담는 물건들과 장을 보며 주고받는 이야기에는 그들의 생활이 녹아들어 있다. 무엇을 소비하고 무엇을 소비하지 않을지 선택하는 것은 한 사람의 가치관과 정체성을 드러내는 일이기도 하다. 그 모든 선택은 서로 맞물리고 부딪치며 언제나 더 큰 이야기를 만들어낸다. 마트는 그렇게 일상적인 공간인 동시에 정치적인 공간이 된다.

다음에는 또 어떤 사건이 어떤 파장을 몰고 올까? 아

무도 알지 못하는 미래를 상상하며 손님들에게는 절대 할 수 없는 말을 여기에 써본다. 장을 보다 마주치는 마트 직원들 역시 웃고 울고 화내고 슬퍼하며 당신과 같은 시대를 살아가는 한 사람일 뿐이라고. 그러니 다음 혼란이 찾아왔을 때는 서로에게 조금 더 너그러워지자고. 말로 할 수 없어서 그저 생각만 해본다.

돈 중의 돈은 내 돈

"자기야, 미안한데 나 장갑 하나만 빌릴 수 있을까?"

하루 중 가장 바쁜 출근 직후. 입으로는 고객을 응대하고, 눈으로는 새로 바뀐 행사 매대를 스캔하고, 손으로는 시음용 커피를 만드느라 정신없는 와중에 누군가 다가와 조심스럽게 내 어깨를 두드렸다. 고개를 돌리니 샴푸 언니가 영화 〈슈렉〉의 장화 신은 고양이가 지을 법한 가련한 얼굴로 나를 바라보고 있었다. 라텍스 장갑 정도야 얼마든지 줄 수 있지. 시음대 서랍에서 장갑 두 장을 꺼내 언니에게 건넸다. 그러고 보니 이상하네. 샴푸는 시식도 안 하는데 장갑이 왜 필요하지? 뒤늦게 궁금해졌지만 언니는 이미 자리로 돌아간 뒤였다.

한바탕 밀려들었던 손님들이 빠져나가고 찾아온 쉬는 시간. 2층 휴게실에서 언니를 다시 만났다. 내가 아는 언니는 말하기보다 듣기에 익숙한 사람이었는데 웬일인지 그런 언니가 좀처럼 듣기 힘든 커다란 목소리로 무언가 열심히 이야기하고 있었다.

"나도 종로는 처음 가봤다니까. 근데 확실히 동네보다 디자인도 다양하고 가격도 싸더라고. 아니, 많이는 아니고 조금. 그래도 금인데 거기도 아주 싸지는 않지."

슬그머니 옆에 앉아 들어보니 반지 이야기였다. 아까는 정신이 없어서 몰랐던 언니의 왼손 약지에 끼워져 있는 가느다란 금반지가 눈에 들어왔다. 남에게 폐 끼치는 걸 싫어해 커피 한 잔 얻어 마시러 오는 일이 없었던 언니가 출근하자마자 장갑을 빌리러 왔던 이유를 그제야 알 것 같았다. 지난달 월급으로 산 금반지를 끼고 왔는데 근무하는 동안 빼서 주머니에 넣어놓자니 잃어버릴 것 같고, 계속 끼고 있자니 매장 직원에게 걸릴 것 같아서(마트 규정상 행사 직원은 근무 중 액세서리를 착용할 수 없다) 불안했던 것이다. 그래서 생각한 게 라텍스 장갑이었겠지. 이런 비하인드 스토리가 있었다니……! 나이를 먹어도 소중한 걸 자랑하고 싶은 마음은 똑같구나. 그 마음이 너무 투명해서 귀엽게 느껴졌다.

샴푸 언니는 일주일에 두 번, 주말에만 출근한다. 여름 세 달 동안만 진행되는 단기 행사라서 이번 달을 끝으로 계약이 종료된다. 몇 해 전까지만 해도 언니는 신선식품 코너의 고정 직원으로 근무했다. 그곳에서 일하며 번 돈으로 아들 둘을 키우고 장가까지 보냈다고 한다. 그렇게 인생의 숙제를 모두 끝내고 은퇴한 뒤 한가롭게 지내던 언니가 다시 마트로 돌아온 건 사는 게 무료해서였다.

"내가 놀아보니까 이것도 지겹더라고. 일하던 사람은 답답해서 집에 못 있어. 친구들 만나는 것도 하루이틀이지."

솔직히 처음에는 그 말을 믿지 못했다. 노는 게 지겹다니, 그럴 수가 있나? 더 이상 만날 친구가 없으면 혼자 놀면 되는 거 아닌가? 하지만 그렇다고 해서 딱히 돈이 급한 상황 같지도 않았다. 언니가 일주일에 두 번 출근해서 받는 월급은 세금을 떼고 칠십만 원 남짓. 물론 적은 돈은 아니지만 생계를 꾸리기에는 턱없이 부족했다. 그 애매한 돈이 어떤 의미인지 알게 된 건 이어지는 언니들의 대화를 통해서였다.

"그래도 여기 나와서 일하니까 이런 것도 사지. 우리

남편은 자기 카드 쓴다고 눈치 주고 그런 거 전혀 없거든? 근데도 사람 마음이 그래. 남편 돈은 남편 돈이지 내 돈이 아닌 거야. 돈 중의 돈은 내 돈이지."

"맞아, 맞아. 애들 옷은 사도 내 옷 한 벌 사는 건 어렵지."

"언니네 아저씨는 양반이네! 우리 애들 아빠는 생활비 쓸 때마다 어찌나 눈치를 주는지 아주 치사해 죽겠어. 그나마 내가 같이 버니까 이 정도지, 집에서 살림만 했으면 매일 가계부 써서 검사 받으라고 했을걸. 어휴, 애들 키우느라 일 못 했을 때 생각하면 아직도 열불이 나!"

"옛날에 우리 친정 엄마가 항상 그랬거든. 여자는 집에서 살림하면서 남편이 벌어다 주는 돈 쓰는 게 최고다. 근데 살아보니까 아니야. 단돈 오십만 원, 백만 원이라도 내 돈이 최고야. 내가 그걸 너무 늦게 알았어."

이런 대화가 이어지자 휴게실의 분위기는 금세 후끈 달아올랐다. 방금 전까지 주고받던 종로 귀금속거리 이야기는 저 멀리 밀려나고 언니들 모두 '내 돈이 최고'라는 사실을 깨닫게 된 저마다의 한 맺힌 사연을 토로하기 바빴다. 나만 빼고 모두가 중년 기혼 여성인 그 자리에서 유일한 청년 미혼 여성인 나는 얌전히 입을 다물고 생각했다. 무슨 일을 해서 얼마를 벌든 모든 노동에는 단순히 먹고사는 것

이상의 의미가 있을지도 모르겠다고. 그렇게 생각하니 샴푸 언니가 말했던 일하지 않는 삶의 무료함을 조금은 이해할 수 있을 것 같기도 했다.

자식들을 다 키워놓고 일주일에 두어 번 마트로 출근해서 버는 돈. 어떤 언니들에게 그 돈은 가족을 맨 앞에 두고 평생을 살아온 끝에 처음 가져보는 '자기만의 돈'이다. 끊임없이 맞벌이를 했음에도 오직 나만을 위해 쓰지는 못했던 돈. 마음에 드는 원피스 한 벌 대신 학원비로, 반찬값으로 나가야 했던 돈. 그 세월 동안 마음속에 차곡차곡 쌓아둔 크고 작은 소망을 하나씩 이뤄가는 기쁨을 나는 감히 짐작할 수도, 상상할 수도 없다.

아주 오랫동안 내가 생각하는 가장 이상적인 노후는 일하지 않는 삶이었다. 근로소득 없이도 안정적으로 유지되는 생계. 스무 살이 되자마자 시작된 지긋지긋한 노동으로부터의 해방. 여전히 그 생각에는 변함이 없다. 하지만 이곳의 언니들을 보며 다른 미래도 그려보게 되었다. 오직 나의 기쁨을 위해 원할 때만 가끔씩 일하는 삶. 휴게실에 모여 한바탕 웃고 떠들 동료들과 지친 몸을 이끌고 퇴근해도 다음 날이면 가뿐하게 일어나 새로운 하루를 시작할 수 있는 체력을 가진 삶. 그런 노후도 제법 멋진 것 같다.

쉬는 시간 30분은 언제나 쏜살같이 지나가고, 우리는 아쉬운 발걸음으로 미적미적 계단을 내려가며 아직 끝나지 않은 수다를 이어갔다. 1층 매장에 도착해 각자의 자리로 흩어지기 전, 누군가 샴푸 언니에게 물었다.

"언니, 그럼 이번 달이 마지막이야? 얼마 안 남았네. 행사 또 잡아놓은 거 있어?"

"아니, 없지. 다른 행사 나오면 가끔 한 번씩 하려고. 이제 나이도 있고 쉬려고 했는데 내 돈 벌어 쓰는 재미에 또 하고 싶네!"

그렇게 말하며 인사하는 샴푸 언니의 손에서 금반지가 반짝 빛났다. 그 모습이 참 보기 좋았다. 언니의 이번 달 월급은 또 어떤 자랑이 될까? 그걸 알게 되는 날이 오기를 바라며 내 자리로 돌아갔다. 그때는 샴푸 언니가 아니라 건전지 언니나 미숫가루 언니가 될지도 모르겠지만, 뭐가 됐든 언니의 금반지는 라텍스 장갑 안에서 조용히 반짝이고 있을 것이다.

내가 누웠던 자리들

　한 매장에서 오래 일하는 고정 직원들과 다르게 행사 직원들은 근무지가 자주 바뀐다. 장기 행사로 한곳에서 쭉 근무하는 경우도 있지만 그런 자리를 구하는 게 쉽지 않기 때문이다. 내가 처음 이 일을 시작했을 때까지만 해도 업체별로 '고정1-행사1' 짝을 이뤄 근무하는 체제가 일반적이었다. 취급 품목이 많거나 매출이 안정적으로 나오는 대형 업체들의 경우 '고정1-행사2(한쪽에서는 냉동 피자, 한쪽에서는 군만두 시식 행사를 하면 고정 직원이 두 곳을 오가며 관리하는 식이다)' 체제로 돌아가기도 했다. 행사는 많고 일할 사람은 적었기에 일을 구하는 게 어렵지 않았다. 따로 아는 사람이 있거나 특별히 운이 좋지 않아도 안정적인 장기 행사 자리를 얻을 수 있었다. 언니들은 그 시절을 행사의 황금기로 기억한다. 아직 새벽 배송과 로켓 배송이 등장하기 전의 이야기다.

영원할 줄 알았던 '고정1-행사1' 공식은 팬데믹을 통과하며 낡은 기억이 됐다. 여행, 항공, 공연, 영화, 스포츠 등은 코로나19에 직접적인 타격을 받은 업계로 잘 알려져 있지만 마트를 비롯한 오프라인 유통업계의 사정은 상대적으로 덜 알려진 듯하다. 그도 그럴 것이 마트는 코로나19가 한창 기승을 부리던 시절에도 문을 닫은 적이 없었다. 뿐만 아니라 생활 필수 시설이라는 이유로 방역 패스도 우선적으로 해제되었다. 내일 당장 세계가 망할 것 같은 상황에서도 일단 오늘을 살기 위해서는 마트에 가야 했다. 모두가 온라인 시장에 쉽게 접근할 수 있는 건 아니었으므로 손님이 줄어들기는 했어도 아주 없지는 않았다.

손님이 많든 적든 물건은 계속 들어오니 그걸 진열할 고정 직원이 필요했다. 계산대를 지킬 계산원도, 매장 환경과 시설물을 관리할 미화·설비 직원도 필요했다. 체온 체크와 손 소독, 방역 패스 업무로 보안팀은 오히려 전보다 더 바빠졌다. 어쨌거나 매장을 정상적으로 운영하려면 기존 인력이 모두 필요했다.

딱 하나, 행사 직원만 빼고.

고객과의 접촉을 최소화하기 위해 시식이나 시음을 비롯한 대부분의 대면 판촉 행사가 금지된 상황에서 우리가 할 수 있는 일은 없었다. 상황이 나아지기를 기대하며 권장 판매(시식이나 시음을 하지 않고 말로만 물건을 파는 것)로 전환해 고용을 유지하던 업체들도 팬데믹이 장기화되자 결국 하나둘씩 행사 직원을 해고하기 시작했다. 공식으로 통했던 '고정1-행사1' 체제는 당황스러울 만큼 빠른 속도로 무너졌다. 어떤 업체는 고정 직원에게 슬그머니 행사 업무까지 떠맡겼고, 어떤 업체는 초단기 계약으로 필요할 때만 며칠씩 아르바이트를 썼다. 우리는 업계의 '국룰('국민 룰'의 줄임말로, 기본이 되는 규칙이나 상식을 뜻한다)'이었던 '고정1-행사1'이 얇은 유리처럼 와장창 깨져버리는 모습을 겁에 질린 채로 지켜볼 수밖에 없었다. 그리고 결국 인정해야 했다. 마트는 우리 삶에 없어서는 안 될 필수 시설이지만 우리는 필수 인력이 아니라는 사실을. 행사 직원이 없어도 물건은 팔렸다. 꼭 필요한 것만 살아남는 시대에 필요 이외의 것들이 발 딛고 설 자리는 없었다.

운 좋게 살아남은 사람들은 심상치 않은 분위기를 감

지하고 자신의 자리를 지키기 위해 애썼다. 하루하루 심해지는 매출 압박에도 어떻게든 판매 목표량을 채우며 악착같이 버텼다. 시간이 지나 다시 시식 행사가 재개된 이후에도 모든 게 예전으로 돌아오지는 않았다. 업체들은 계속해서 단기로 사람을 썼고, 몇 주 혹은 몇 달짜리 계약을 반복하며 이 매장 저 매장 옮겨 다니는 근무 형태는 행사 업계의 새로운 표준으로 자리 잡았다. 우연한 기회로 장기 행사 자리를 얻기 전까지 나도 여러 매장을 전전하며 매번 다른 업체의 다른 제품을 팔았다. 운이 좋을 때는 도보 10분 거리에 있는 매장에서 근무했고, 일자리가 없는 행사 가뭄 시기에는 울며 겨자 먹기로 왕복 두 시간 반 거리까지 다니기도 했다.

이 매장 저 매장을 철새처럼 옮겨 다니다 보면 자연스럽게 선호하는 매장이 생긴다. 누군가에게 최고인 매장이 다른 누군가에게는 최악이 되기도 한다는 사실을 알게 된 건 최근의 일이다. 근무 환경에 대한 만족도를 결정하는 기준은 내가 생각했던 것보다 훨씬 다양했다. 나를 비롯한 모두가 나름의 기준으로 '최애 매장'을 정해 잊지 못한 첫사랑처럼 아련히 마음속에 품고 있었다.

일하기 좋은 매장은 어떤 매장일까? 언니들에게 물어보니 이런 대답이 나왔다. 집에서 가까운 매장, 너무 바쁘지 않은 매장, 반대로 눈코 뜰 새 없이 바빠서 시간도 빨리 가고 매출도 잘 나오는 매장, 최근에 리모델링을 해서 시설이 쾌적한 매장, 근무 관련 규정이 빡빡하지 않은 매장, 구내식당 밥이 맛있는 매장, 친한 동료들이 근무하는 매장…….

"그러는 자기는 어디가 좋은데?"

무조건 가까운 매장이 최고라고 대답한 미숫가루 언니가 되물었다. 나 역시 언니처럼 망설임 없이 대답할 수 있었다.

"저는 당연히 휴게실이 좋은 매장이죠!"

내가 제일 중요하게 생각하는 건 휴게실이다. 단점이 아무리 많은 매장이라도 휴게실이 좋으면 결국 좋은 매장으로 기억하게 된다. '여긴 집에서 너무 멀고 교통도 별로야.' '아무리 열심히 해도 매출이 안 나와서 힘들어!' '학교도 아니고 무슨 규정이 이렇게 빡빡해?' 다시는 안 올 것처럼 투덜투덜 불만을 늘어놓다가도 '그래도 휴게실 하나는 참 좋지……' 하며 면죄부를 주는 것이다. 지난여름 새로 출시된 맥주를 팔러 갔던 곳이 그랬다. 면접을 보던 날, 너무 멀고 외진 곳에 있는 데다가 곧 망할 것처럼 스산한 분위기의 매장을 보고 심란한 마음으로 돌아왔다. 첫 출근 하루 전까지만 해도 괜히 일한다고 했나 후회했지만 막상 가 보니 휴게실이 좋아서 한 달 내내 만족스럽게 일했다. 경험상 휴게실이 잘 되어 있는 곳은 함께 일하는 사람들도 너그럽고 텃세도 없는 편이다. 양질의 휴식에는 그런 힘이 있는 것 같다.

그렇다면 좋은 휴게실이란 무엇일까? 넓은 휴게실, 깨끗한 휴게실, 매장과 가까워 몇 분이라도 더 쉴 수 있는 휴게실······. 다 필요 없다. 이것만큼은 확실하게 말할 수 있다. 최고의 휴게실은 편하게 누울 수 있는 휴게실이다. 하루 종일 서서 일하는 사람들에게 잠깐이라도 누울 수 있는 시간과 공간은 다른 무엇과도 바꿀 수 없을 만큼 소중하다. 스트레스는 앉아서 풀 수 있어도 체력은 오직 누워 있을 때만 회복된다. 공기청정기에 발마사지기까지 설치되어 있어도 누울 수 없다면 그건 가짜 휴게실이다.

내가 처음 일했던 매장에는 한 가지 규칙이 있었다. 휴게실에서 쪽잠을 자도 되고, 통화를 해도 되고, 간단한 간식을 먹어도 되지만 절대 누워서는 안 된다는 규칙이었다.

그곳의 휴게실은 사무실로 연결되는 통로 쪽에 있었는데 사무실 직원들이 드나들 때 행사 직원들이 누워 있으면 보기 좋지 않다는 게 그 이유였다. 아무것도 몰랐던 그 시절에는 그냥 그런가 보다 생각했지만 시간이 지나 여러 매장을 경험하고 나니 그게 얼마나 이상한 규칙이었는지 깨닫게 되었다.

하루 아홉 시간을 근무하는 행사 직원에게는 30분의 휴식과 한 시간의 식사 시간이 주어진다. 아주 배고픈 날이 아니라면 나는 보통 식사 시간도 휴식 시간으로 쓴다. 간단한 요깃거리로 후다닥 식사를 끝내고 양치까지 하고 나면 40분 정도가 남는다. 길다면 길고 짧다면 짧은 이 시간 동안 휴게실에 누워 한숨 자고 일어나면 내내 긴장된 상태로 서서 일하느라 방전된 몸과 마음이 실시간으로 회복되는 기분이 든다. 5년 전 장기 행사로 근무했던 매장은 휴게실이 특히 좋았다. 말이 휴게실이지 사실상 수면실에 가까워서 목침도 넉넉하게 구비되어 있고 냉난방도 무척 잘됐다. 여러모로 힘든 매장이었지만 그곳에서 가장 오래 그리고 즐겁게 근무했다. 휴게실 덕분에 가능했던 일이라고 생각한다.

처음 마트 일을 시작했던 게 어느새 14년 전. 그동안 거쳐 온 매장들을 생각하면 어째서인지 일하는 모습보다 휴게실에서 쉬는 모습이 먼저 떠오른다. 몸을 둥글게 말고 옆으로 누워 새우잠을 자던 나. 누가 업어 가도 모를 만큼 깊게 잠들었다가 알람 소리에 화들짝 놀라 일어나던 나. 벽에 기댄 채로 꾸벅꾸벅 졸던 나. 머릿속으로 내가 누웠던 자리들을 하나하나 그려본다. 그 시절마다 어떤 마음으로 돈을 벌었고, 어떤 미래를 꿈꾸며 마트로 출근했을까? 나는 떠났지만 내가 머물렀던 자리들은 그 모습 그대로 남아 모든 걸 기억하고 있을 것 같다.

어떤 매장은 추억이라고 부를 수 있을 만큼 좋은 기억으로, 또 어떤 매장은 다시 떠올리기도 싫을 만큼 나쁜 기억으로 남았지만 내가 누웠던 자리들에는 늘 고마운 마음뿐이다. 가끔은 침대에 누워 그 자리들을 떠올린다. 내 침대는 마트 휴게실과 비교도 할 수 없을 만큼 포근하고 쾌적하지만 어쩐지 가장 달콤한 잠은 거기에 있는 것 같다.

옥이 언니

보이면 짜증 나고 안 보이면 신경 쓰이는 사람. 옥이 언니를 한 마디로 요약하면 그랬다. 언니를 처음 만난 건 새로운 매장에서 근무를 시작한 날이었다. 사람들은 아무리 겪어도 익숙해지지 않는 게 이별이라는데. 나 같이 내향성(Introversion)이 강한 대문자 I 인간에게는 이별보다 만남이 훨씬 어렵다. 짧으면 2주, 길어 봤자 1년 남짓한 행사 일을 하며 무수히 많은 만남의 순간을 거쳐 왔지만 다시 첫 출근이 찾아오면 새삼스럽게 긴장한다. 어딜 가든 업무는 비슷하니 걱정되는 건 언제나 사람. 이번에는 또 어떤 사람들과 복작복작 부대끼며 일하게 될까? 텃세가 심하면 어떡

하지? 그런 생각을 하며 걷다 보니 어느새 매장 앞이었다.

매니저에게 출근 보고를 하고 낯선 창고에서 업무에 필요한 물품들을 찾는 일부터 시작했다. 이곳에서 뭔가를 찾는 일은 일 발견보다 발굴에 가깝다. 대용량 전기 온수기, 시음용 커피 믹스, 각종 증정품, 종이컵, 앞치마, 홍보용 안내판인 POP……. 필요한 건 한가득인데 왜 아무것도 보이질 않는지. 전임자가 떠난 뒤 1년 가까이 공석이었던 자리답게 제대로 준비된 게 하나도 없었다. 설상가상으로 업체 고정 직원까지 전화를 받지 않는 상황. 텅 빈 시음대만 바라보며 난감해하고 있을 때 등 뒤에서 누군가 불쑥 말을 걸어왔다.

"새로 온 커피 행사구나? 거기 고정 지금 없는데. 상중이라 이번 주 못 나와."

하늘색 유니폼 조끼 차림의 언니는 창고 구석구석을 훑어보더니 거침없는 손길로 몇 개의 상자를 꺼내기 시작했다. 눈을 씻고 찾아봐도 보이지 않았던 것들이 상자 속에서 하나둘씩 마법처럼 튀어나왔다. 후다닥 앞치마를 챙겨 입으며 고맙다고 인사하자 언니는 별일 아니라는 듯 팔랑팔랑 손을 흔들며 사라졌다.

묵직하게 채워진 시음대를 끌고 매장으로 나와 본격적으로 행사 준비를 시작했다. 한참을 분주하게 움직이고 있는데 저 멀리서 다시 하늘색 조끼가 보였다. 언니 역시 나를 발견했는지 알은체하며 다가왔다.

"아까는 감사했어요! 덕분에 준비 잘 끝냈어요."

"아유, 감사는 뭘. 나는 요 앞에서 냄비 팔거든. 앞으로 자주 보겠네!"

출근하자마자 만난 귀인이 맞은편 업체 행사였다니. 시작부터 운이 좋은 걸 보니 왠지 이곳에 잘 적응할 수 있을 것 같은 예감이 들었다.

"근데 자기야, 나 믹스 한 잔 마셔도 돼? 점심 먹고 급하게 오느라 커피를 못 마셨네."

"그럼요! 금방 타 드릴게요."

"바쁜데 미안하게. 그냥 내가 타 먹어도 되는데."

이 매장에서 처음 나를 도와준 사람인데 그럴 수는 없지. 커피 믹스 한 봉지를 뜯어 종이컵에 붓고 전기 온수기의 꼭지를 눌렀는데 그 순간 뜨거운 물이 왈칵 쏟아졌다. 아무래도 창고에 오래 방치되어 있는 동안 어딘가 고장이 난 모양이었다. 다행히 전원을 연결한 지 얼마 되지 않아 크게 화상을 입을 정도는 아니었다. 하지만 곧바로 이어진 언니의 말은 나를 혼란에 빠뜨렸다.

"어머, 어떡하면 좋아! 내가 안 하길 잘했다. 손 데일 뻔했네. 호호호!"

다른 언니들이 옥이 언니를 은근히 피한다는 사실을 알게 되기까지는 그리 오랜 시간이 걸리지 않았다. 겪어보니 언니는 뭐랄까⋯⋯ 세상 해맑은 얼굴로 남의 속을 뒤집어 놓는 타입이었다. 좋게 말하면 곱게 자란 부잣집 외동딸 같았고, 나쁘게 말하면 자기밖에 모르는 어린애 같았다. 딱히 악의가 있는 건 아니지만 놀라울 만큼 자기중심적인 말과 행동들. 그런 일을 몇 번 더 겪고 나니 옥이 언니를 무리에 끼워주지 않는 다른 언니들의 마음을 이해할 것 같았다.

하지만 나는 옥이 언니를 피해 다닐 수 없었다. 우리는 매장에 있는 내내 서로를 마주보고 근무했다. 언니의 수다는 끝을 모르고 계속됐다. 아무리 그래도 엄마뻘 되는 어른의 말을 대놓고 무시하는 건 마음이 불편해서 예의상 맞장구를 쳤는데 말이 잘 통한다고 생각한 모양이었다. 남편 얘기, 아들 얘기, 며느리 얘기, 10년째 나가고 있는 산악회 얘기, 작년 생일에 선물로 받은 돌침대 얘기⋯⋯. 그중에서도 가장 자주 들었던 건 언니가 오래전에 다녔던 직장에 대한 이야기다.

"내가 있잖아, 처녀 시절엔 저기 서울에 있는 큰 회사에서 일했거든. 그때는 여직원들끼리 모여서 꽃꽂이도 배우고, 다도도 배우고 그랬어. 비서실에 있다 보면 손님 접대할 일이 많잖아. 그러니까 회사에서 선생님 불러다가 가르친 거지."

그리고 이런 이야기는 늘 똑같은 말로 끝났다.

"그러다 애들 아빠 만나서 결혼하고 그만둔 거잖아. 그만둘 때 얼마나 울었는지 몰라. 나는 회사 다니는 거 좋아했거든. 그때는 당연히 그래야 되는 줄 알았어. 다들 결혼하면 집에서 애 키우고 살림했으니까. 응, 딱 자기 나이쯤 됐을 때였지."

그럴 때의 언니는 내 앞에 있지만 아주 멀리 가 있는 것 같았다. 그런 언니를 보며 나는 엄마를 떠올렸다. 언젠가 오래된 앨범 속에서 보았던 20대의 엄마를. 내가 살아본 적 없는 시절의 엄마는 빨간 반바지에 샛노란 티셔츠를 입고 해사하게 웃고 있었다. 배경은 잔잔한 파도가 치는 바닷가. 어린 엄마 옆에는 똑같이 앳된 얼굴의 여자가 셋 더 있었다. 지영, 정희, 미순. 엄마의 직장 동료였던 그들의 이름을 나는 모두 안다. 엄마 역시 옥이 언니처럼 그때의 이야기를 자주 들려주었기 때문이다.

엄마는 결혼 전 금융결제원에서 일했다. 옥천여자고등학교를 졸업하고 서울에 올라와 바로 얻은 직장이었다. 자식이 여섯이나 되는 집의 늦둥이 막내딸은 대학 근처에도 가보지 못했다. 큰아들이 대학에 입학할 때는 내다 팔 소라도 있었지만 맨 마지막 엄마 차례가 왔을 때는 그마저도 없었기 때문이다. 빛바랜 사진 속에서 엄마와 함께 웃고 있던 언니들의 사정 역시 비슷비슷했다. 오빠와 남동생에게 학업을 양보하고 일찍이 노동에 뛰어든 소녀들. 그게 억울하거나 원망스럽지 않았냐고 물으면 엄마는 말한다.

"그땐 그런 일이 워낙 흔했으니까. 그나마 난 공부에 뜻이라도 없었지, 정희 언니는 지금 생각해도 아까워. 그런 수재가 또 없었는데."

성인이 되자마자 취직해 돈을 벌고, 적당한 때 적당한 사람과 결혼해 아이를 낳고, 육아를 위해 직장을 포기하고, 아이가 자라 돌봄보다 돈이 더 절실해지면 떠밀리듯 다시 집 밖으로 나오는 여자들. 그들은 보통 '아줌마'였다가, 때때로 '어머님'이었다가, 새로운 분류에 의해서는 '경단녀(경력 단절 여성)'가 되었다. 하지만 마트는 다시 그들의 이름을 불렀다. 각자의 이름 세 글자가 또렷하게 새겨진 명찰을 주고, 그들이 있을 자리와 약속된 월급을 주었다.

마트가 아줌마들의 일터가 된 것은 너무도 자연스러운 일이다. 서로에게 서로가 필요했으므로. 하지만 마트가 아줌마들을 고용하는 방식 역시 자연스러운지 생각해보면 마음이 복잡해진다. 마트는 그들에게 언제나 최저임금에 가까운 급여를 주고(같은 일을 하지만 단지 어리다는 이유 하나만으로 내 일당은 언니들보다 높다), 그것으로 최대의 효용을 뽑아내며, 최소한의 인원만을 정규직으로 쓴다. 이유는 얼마든지 있다. 오래전에 경력이 단절되었으니까. 자녀와 가정 문제로 언제 그만둘지 모르니까. 월급을 많이 주지 않아도 불평 없이 열심히 일하니까. 그러나 사실 진짜 이유는 하나다. 아줌마들은 그렇게 해도 되는 존재니까. 노동 시장이 '아줌마'라는 집단을 어떻게 취급하는지 나는 보았다. 수많은 아줌마 틈에서, 아직은 아가씨로 분류되며.

언젠가 대형마트 중년 여성 노동자들의 처우 개선을 주장하는 인터넷 뉴스 기사를 읽은 적이 있다. 경력에 관계없이 최저임금에서 크게 벗어나지 않는 급여를 받고, 대부분이 정규직이 아닌 파견직 혹은 계약직 형태로 근무하는 것에 대한 문제를 제기하는 기사였다. 기사 내용에 동의하며 함께 목소리 내준 댓글도 있었지만 어째서인지 그런 건 하나도 기억나지 않고 이 말만 마음속에 끈질기게 남아 있다.

누가 마트에서 일하라고 칼 들고 협박함? 그러니까 열심히 살아서 좋은 직장에 들어갔어야지 ㅋㅋㅋㅋ

우리 매장에서 젓갈과 반찬을 파는 경자 언니는 젊은 시절 유치원 선생님이었다. 그래서인지 언니가 멘트를 치면 나긋나긋한 말투인데도 내용이 귀에 쏙쏙 들어온다. 그 옆에서 건강식품을 파는 애란 언니는 대학병원 간호사였다. 이제 다 지난 일이라며 손사래 치지만 누군가 아프면 모른 척하지 않고 꼭 도움을 준다. 스물둘에 결혼해 일찍 엄마가 된 즉석조리식품 코너의 윤희 언니는 자식 셋을 키우며 빛나는 젊음을 온통 육아에 쏟아부었다. 그냥 넘길 수도 있었던 그 댓글 하나가 못내 속상했던 건 선명하게 떠오르는 얼굴들 때문이었다. 모두가 부러워하는 좋은 직장에 들어가지 못하면 목소리를 낼 자격도 없는 걸까? 어려운 환경 속에서도 최선을 다해 삶을 꾸렸던 언니들이 도대체 얼마나 더 열심히 살아야 했을까?

함께 일하는 동안 옥이 언니는 내게 많은 걸 가르쳐주

었다. CCTV를 피해 몰래 간식을 먹을 수 있는 사각지대와 이 매장 고인물만 알 수 있는 구내식당 이용 꿀팁(중복과 말복에는 그냥 백숙이 나오지만 초복에는 무려 삼계탕이 나온다!), 오래오래 쓸 수 있는 좋은 냄비를 고르는 방법 같은 것들을. 하지만 언니에게 배운 것 중 가장 귀한 건 그런 게 아니었다. 그 매장에서 언니와 지지고 볶으며 나는 '미운 정도 정'이라는 말을 이해하게 되었다. 얌체 같은 행동에 짜증이 났다가도 모처럼 들어온 귀한 증정품을 내 주머니에 슬쩍 찔러주며 웃는 얼굴을 보면 마음 한쪽이 이상하게 시큰거렸다.

"이거 비싼 거야, 가져가서 써. 자기만 주는 거니까 아무한테도 말하지 말고!"

언니가 준 실리콘 냄비 집게는 몇 년이 지난 지금도 여전히 우리 집에 있다. 그때는 믿지 않았지만 쓰다 보니 튼튼하고 편해서 정말 비싼 거였구나, 하며 뒤늦게 고개를 끄덕인다. 팔팔 끓는 찌개 냄비를 옮기다가 문득 하늘색 유니폼 조끼가 떠오르는 날이 있다. 그런 날이면 남몰래 언니의 행복을 빌어본다. 어디에 있든 지금 이 순간 역시 언젠가 언니의 자랑이 되기를. 과거로 돌아가고 싶은 날보다 현재에 머무르고 싶은 날을 더 많이 만나기를. 내게 미운 정을 가르쳐준 언니가 너무 미움받지 않기를.

그 순간만큼은 다른 사람 말고 옥이 언니의 행복만 빌어준다. 아무한테도 말하지 않고.

반쪽짜리 마트 사람

"불났어, 불났어!"

창고에서 새로 들어온 증정품 박스를 정리하고 있는데 미선 언니가 지나가며 말했다. 근처에 있던 모두가 그 말을 들었지만 동요하는 사람은 아무도 없었다. 나 역시 심드렁한 표정으로 계속 박스를 정리하며 생각했다. 어휴, 또 시작이네…….

처음 그 말을 들었을 때는 매장에서 불이 난 줄 알고 화들짝 놀랐다. 하지만 이제 눈 하나 깜짝하지 않는다. 이곳에서 '불났다'는 진짜 불이 아니라 싸움이 났다는 뜻이라는 걸 알게 되었기 때문이다. 누가 싸우는지, 누구와 싸우는지, 왜 싸우는지. 그런 구체적인 맥락을 궁금해할 필요도 없다. 보나마나 두부 언니들이겠지. 그렇게 생각하며 하던 일을 계속할 뿐이다.

반찬 코너 맞은편에 있는 두부 매대는 언제나 팽팽한 긴장감이 흐르는 접경지대다. 중앙 통로를 기준으로 오른쪽에는 A식품 두부가, 왼쪽에는 B식품 두부가 진열되어 있는데 두 업체 간의 경쟁이 치열하다 못해 살벌하다. 두부 언니들의 싸움은 늘 똑같은 패턴으로 되풀이된다.

> 손님이 온다 → 인지도가 높은 B식품 두부를 구매하려고 한다 → A식품 언니가 증정품을 붙여주며 손님을 가로챈다 → B식품 언니가 화를 내며 따진다 → A식품 언니가 적반하장으로 더 크게 화낸다 → 불이 난다

그동안은 손님들 눈에 띄지 않는 후방에서 싸웠지만 이번에는 영업 중인 매장에서 싸우는 바람에 일이 커졌다. 결국 나란히 사무실로 불려간 두부 언니들은 한참이 지난 뒤에야 돌아왔다. "저러다 둘 다 잘리는 거 아니야?" 반찬 코너 언니가 걱정스러운 표정으로 말했다. "진숙 언니만 불쌍하지, 뭐. 자꾸 저 지랄을 하는데 안 싸우고 배겨?" B식품

진숙 언니와 친한 요구르트 언니가 자기 일인 것처럼 분통을 터뜨렸다. A식품 신애 언니를 좋아하는 사람은 아무도 없었다. 모두가 진숙 언니의 편을 들어도 신애 언니는 아랑곳하지 않고 계속 공격적으로 두부를 팔았다. 도대체 왜 저렇게까지 할까? 신애 언니를 볼 때면 늘 궁금했다. 매출 욕심이 별로 없는 나에게 언니는 이해할 수 없는 사람이었다.

신애 언니가 '저렇게까지' 하는 이유가 밝혀진 건 크고 작은 소동이 몇 번 더 벌어진 뒤였다. 뒤늦게 알게 된 사실들은 우리를 얼마간 충격에 빠뜨렸다. 언니가 누군가의 지시를 받고 B식품 손님을 가로채고 있었고, 그 누군가가 A식품 담당 매니저이며, 이 모든 일이 정직원 전환을 빌미로 일어났지만, 결국 돌아온 건 해고 통보라는 것……. 어느 소식 하나 경악하지 않을 수 없었다. 마지막 근무일이 정해진 신애 언니는 더 이상 손님을 빼앗지도, 경쟁하듯 큰 소리로 멘트를 치지도 않고 그저 가만히 서 있기만 했다. 접경지대에는 비로소 평화가 찾아왔지만 모두의 마음은 전보다 더 시끄러워졌다.

휴게실에 모인 언니들은 그제야 신애 언니가 이해된다는 듯 혀를 차며 안타까워했다.

"목구멍이 포도청이라고 생계가 걸려 있으면 어쩔 수 없는 거야. 까라면 까고 싸우라면 싸워야지, 어쩌겠어."

"아휴, 그 언니 그렇게 꼴 보기 싫었는데 막상 기 팍 죽어서 저러고 있으니까 그것도 또 열 받는 거 있지."

"거기 매니저 싹수 노란 거 처음부터 알아봤다니까. 그래 놓고 회사에는 알바가 사고 쳤다고 보고할 거 아니야. 에라이, 재수 없어."

그럼에도 나는 여전히 신애 언니를 이해할 수 없었다. A식품은 이런저런 복지를 제공하는 대기업도, 특별히 페이가 높거나 일이 편한 곳도 아니었다. 그런데도 그 자리가 그렇게 소중했을까? 모두에게 따가운 시선을 받고 툭하면 사무실에 불려가는 걸 견딜 만큼?

"매니저가 뒤에서 싸움까지 부추기면 그냥 다른 곳 알아보는 게 낫지 않아요? 싸움닭처럼 실컷 이용만 당했잖아요. 저는 아직도 이해가 안 돼요. 일자리가 여기만 있는 것도 아니고……."

그리고 돌아온 언니들의 대답은 나를 부끄럽게 했다.

"자기는 그럴 수 있을지 몰라도 우리는 아니야. 우리는 이게 마지막일 수도 있어."

"늙는다는 게 그런 거야. 선택할 수 있는 게 점점 없어지거든."

왜 저렇게까지 하지?

내 안에는 늘 이런 마음이 있었다. 인센티브가 있는 것도 아닌데 매출에 목숨 거는 언니들을 보면서, 판매 목표량을 채우려고 사비로 제품을 구매하는 모습을 신기해하면서, 아파도 쉬지 않고 급한 일이 있어도 웬만해선 대타를 쓰지 않는 악착같은 성실함을 조금 지긋지긋해하면서. 겉으로는 티내지 않았지만 속으로는 생각했다. 나는 저렇게까지 하고 싶지 않다고, 저렇게까지 하지 않아도 된다고. 나 역시 마트에서 버는 돈으로 생계를 꾸리는 건 마찬가지면서 한 발짝 물러나 선을 그었다. 나는 마트 직원이지만 마트 직원이기만 한 건 아니야. 아직 젊기에 내게 허락된 몇 개의 선택지를 손에 쥐고 여기에 서서 늘 다른 곳을 바라봤다.

어느 매장에서 무엇을 팔든 늘 수첩 두 개를 가지고 출근했다. 하나는 퇴근 전 보고를 위해 매출을 체크하는 수첩이었고, 다른 하나는 마트에서 일하며 보고 듣고 느낀 것들을 적는 업무 일지였다. 더 열심히 쓰는 건 언제나 일지였다. 그러다 보면 어떤 순간에는 내가 여기 돈을 벌러 온 건지 원고를 쓰기 위해 취재하러 온 건지 헷갈렸다. 노동자가 아니라 작가로서 마트에 왔다는 착각. 그건 동료들뿐만 아니라 스스로에 대한 기만이기도 했다.

재작년 여름에는 집 근처 마트에서 한 달 동안 맥주를 팔았다. 내가 맡은 제품은 새로 출시된 무알코올 맥주였는데, 손님들에게 제품의 특징을 설명하면 이런 반응이 돌아오기 일쑤였다. "에이, 이게 무슨 맥주야! 그냥 음료수지." 익숙한 상표를 달고 주류 코너에 진열되어 있어도 무알코올 맥주는 음료일 뿐 진짜 맥주가 될 수 없었다. 마트에서 보낸 시간이 이토록 길지만 나는 여전히 내가 반쪽짜리 마트 사람인 것 같다. 아무리 마셔도 취하지 않는 무알코올 맥주처럼.

언니들에게는 있고 나에게는 없는 것. 언니들은 이해하고 나는 이해하지 못하는 것. 언니들은 하고 나는 하지 않는 것. 그 차이에 대해 생각할수록 내가 서 있는 곳은 점점 더 모호해진다. 나의 자랑이 되기도, 부끄러움이 되기도 하는 그 모호함을 오래 들여다보면 마법의 거울처럼 두둥실 정답이 떠오를 것 같다. 내가 무엇을 할 수 있는지, 무엇을 해야 하는지. 그 답을 기다리며 마트로 출근한다. 주머니 속에 작은 수첩을 넣고.

3장

내가 바라는 희망은 겨우

선명한 현재와 불투명한 미래 사이

 더 이상 이렇게 살면 안 된다는 위기감이 들기 시작한 건 이렇게 사는 삶에 익숙해지던 어느 날이었다. 단기 아르바이트로 시작했던 위스키 행사의 매출이 나쁘지 않아 6개월째 계약이 이어지고 있었고, 종종 들어오는 원고 청탁과 약속된 출간 일정 덕분에 꾸준히 글도 쓰고 있었다. 마트에서 번 돈으로 생계를 꾸리고 글을 써서 번 돈으로 약간의 저축을 하는 삶. 마트 직원으로서의 자아와 작가로서의 자아가 서로를 해치거나 방해하지 않고 제법 사이좋게 균형을 유지했다. 그래서 잠시 착각에 빠졌던 것 같다. 이게 바로 안정이라고, 당분간은 지금 이 생활을 유지해도 좋겠다고.

잔잔한 호수 같았던 마음에 돌멩이를 던진 건 주류 코너 고정 언니였다. 근무하면서 자주 마주치지만 왠지 모르게 말을 붙이기 어려워 6개월이 넘도록 친해지지 못한 수입 주류 담당 재희 언니. 그날도 어색한 눈인사를 나누고 각자 할 일을 하고 있었는데 등 뒤에서 언니가 와인 코너 매니저와 이야기를 나누는 소리가 들렸다. 한참 수다를 떨던 언니는 주위를 한 번 둘러보더니 목소리를 낮춰 지난주에 보고 온 면접 이야기를 꺼냈다. 이직할 곳을 알아보고 있다는 소문이 진짜였구나. 티 내지 않으려고 일부러 바쁜 척을 하며 둘의 이야기를 엿들었다.

"자세한 건 다녀봐야 알겠지만 일단은 나쁘지 않은 것 같아. 휴무도 고정이고 연차도 쓸 수 있고. 스케줄 근무 이제 질렸어."

"그럼 아예 마음 정한 거야? 여긴 언제까지 다닐 건데?"

"최대한 빨리 정리해야지. 일정 맞춰보고 다시 연락한다고 했어."

"어쨌든 잘됐다. 언니 거기 꼭 가고 싶다고 했잖아."

"거기 가고 싶었던 게 아니라 여기 있기 싫었지. 이렇게 말해도 될지 모르겠는데…… 아무리 생각해도 여기엔 미래가 없어. 그러니까 너도 빨리 마트를 떠나."

그 순간 정신이 번쩍 들었다. 나한테 한 말도 아닌데 내가 꼭 들어야 했던 말인 것 같아서. 마음속으로 한참을 곱씹다가 늘 가지고 다니는 수첩을 펼쳐 아무도 모르게 그 말을 옮겨 적었다.

아무리 생각해도 여기엔 미래가 없어.
그러니까 너도 빨리 마트를 떠나.

재희 언니의 말대로 이곳에는 미래가 없었다. 마트에서의 하루하루는 그저 현재일 뿐이었다. 오늘의 성실은 단지 오늘만을 보장했다. 버틴다고 해서 대단한 경력이 되지도, 쌓인다고 해서 내세울 만한 기술이 되지도 않는 일. 누구나 할 수 있는 일이기에 내일도 내가 이 자리에 있을 거라는 확신을 가지기 어려웠다. 사실 나도 알고 있었다. 더 늦기 전에 마트를 떠나 미래를 기대할 수 있는 곳으로 가야 한다는 걸. 그럼에도 외면했다. 그곳이 어디인지, 어떻게 가야 하는지, 이미 너무 늦어버린 건 아닌지. 그 막막함을 정면으로 맞닥뜨리는 순간이 두렵고 불편했다.

그날 밤, 집에 돌아와 아주 오랜만에 이력서를 썼다. 나름 열심히 살아왔다고 생각했는데 그것 역시 내 착각이었던 걸까? 이력서의 빈칸은 한없이 크게 느껴졌고, 그 앞의 나는 끝을 모르고 자꾸만 쪼그라들었다. 마트에서 보낸 시간은 몇 줄의 이력이라도 됐지만 작가로서 이룬 성과와 그것을 위해 쏟아부었던 노력은 아무 쓸모도 없었다. 밤을 꼬박 새워 완성한 이력서와 자기소개서는 초라했다. 실시간으로 업데이트되는 수천 개의 채용 공고 중 내가 지원할 수 있는 것을 찾는 과정은 그 초라함을 인정하는 일이기도 했다.

그리고 얼마 뒤, 가장 먼저 지원한 회사에서 연락이 왔다. 제철 농작물을 재료로 다양한 체험 활동과 요리 수업을 진행하는 어린이 쿠킹 클래스였다. 면접은 편안한 분위기 속에서 진행됐다. 한 시간 가까이 이야기를 나누며 지금의 상황과 속마음을 솔직하게 털어놓았다. 마트에서 일하며 몇 권의 책을 낸 경험을 좋게 봐준 덕분에 그곳에서 일할 수 있게 됐다. 중소기업이라는 말도 민망할 만큼 작은 회사였지만 정규직이었다. 그것만으로도 조금은 안심이 됐다.

그렇게 마트 아르바이트생 신분에서 벗어나 정규직 직장인이 되었다. 매일이 전쟁 같았던 입사 초반이 지나고 새로운 생활에도 어느새 익숙해졌다. 어렵기만 했던 업무도 척척 해낼 수 있게 됐고, 가족보다 자주 보는 동료들과도 가까워졌다. 그와 더불어 또 하나 익숙해진 게 있었다. 읽지도 쓰지도 않는 삶. 입사를 기점으로 텅 비어버린 일기장과 침대 옆에서 조용히 먼지만 쌓여가고 있는 책들을 바라보며 더는 아무 생각도 들지 않았다. 3개월이 지나고 6개월이 지나도 읽고 쓸 여유는 생기지 않았다. 그런 여유를 바랄 틈조차 없었다.

하루 종일 아이들을 돌보고 학부모를 상대하는 일에 내가 가진 몸과 마음의 에너지를 몽땅 쏟아부었다. 퇴근 후 집에 돌아와 저녁을 먹고 나면 손가락 하나 까딱할 힘도 없었다. 밀린 집안일을 몰아서 하고 본가에 가서 가족들을 만나고 오면 짧은 휴무가 물에 씻은 솜사탕처럼 흔적도 없이 사라졌다. 마트에서 일하면서는 꼬박꼬박 썼던 원고를 하나도 쓰지 못했다. 나는 왜 회사에 다니면서는 글을 쓰지 못할까? 적응의 문제가 아니었다. 1년이 지나고 2년이 지나도 마찬가지일 걸 알았다.

그곳에서 일하는 동안 두 개의 출간 계약을 파기했다. 작가로서의 자아는 직장인로서의 자아에 잡아먹힌 지 오래였다. 마트에서 일할 때의 나는 현재를 살았는데 이곳에서는 그조차 하지 못하고 있었다. 미래라는 걸 손에 넣고 싶어서 여기까지 왔는데 여기엔 현재가 없네. 그런 생각이 들 때쯤 다시 구직 사이트에서 마트 일을 찾아보기 시작했다. 그러는 와중에도 누군가는 더 힘든 일을 하며 더 대단한 글을 썼다. 그 모습을 지켜보고 있으면 내가 말하는 모든 게 핑계인 것 같아서 괴로워졌다.

재희 언니는 미래를 찾아 마트를 떠났지만 나는 현재를 찾아 마트로 돌아왔다. 일부러 맞춘 것처럼 딱 떨어지게 1년 만이었다. 3주짜리 단기 행사를 두어 번 반복한 끝에 운 좋게 고정 행사 자리를 구할 수 있었다. 마트 일은 집까지 나를 따라오지 않아서 다시 책을 읽고, 다시 조금씩 글을 쓰기 시작했다. 이 모든 반복이 도망인지 도전인지 생각하지 않으려고 애썼다. 이제 어느 쪽이든 상관없기도 했다.

아무리 생각해도 여기엔 미래가 없어.

재희 언니가 서 있던 자리를 바라볼 때마다 그 말을 떠올린다. 나의 미래는 어디에 있을까? 마트를 떠나 도착한 그곳에서 언니는 마침내 미래를 발견했을까? 오직 현재만 있는 이곳에서 밀린 숙제 같은 미래를 생각하며 읽고 쓰고 일한다. 돌고 돌아 다시 또 여기라는 게 부끄러울 때면 그냥 충분히 부끄러워한다. 그러고 나면 또 한 번의 실패로 얼룩진 마음이 한결 깨끗해진다.

잃어버린 미래를 찾아 새로운 모험을 시작하게 될 때까지 여기에서 현재를 살아보기로 한다. 읽고 쓰고 생각할 여유가 있는 삶을. 요즘은 하루에 두 번씩 일기를 쓴다. 침대 옆에 놓이는 책들이 자주 바뀐다. 꼭꼭 숨어 있는 미래를 찾는 동안 놓쳤던 현재를 뒤늦게 몰아서 살고 있는 것 같다. 선명한 현재와 불투명한 미래 사이에 지금의 내가 있다.

10만 원의 감각

　책상 앞에서 버티고 버텨도 글이 좀처럼 앞으로 나아가지 않는 날에는 자리를 털고 일어나 스타벅스로 향한다. 도서관 노트북 이용석은 부지런한 새들이 이미 다 차지했을 게 뻔하고, 스터디 카페는 너무 조용해서 키보드를 조심조심 눌러야 하니까. 좁은 방에 갇혀 혼자 끙끙댄다고 글이 써지는 건 아니지. 절반쯤은 놀러 가는 거라고 나를 달래며 집을 나선다. 이런 날의 영수증은 대개 이런 식이다.

　11:42
　I-G) 아메리카노 5,000

13:57
파마산 치즈 베이글 3,500

　에코별 적립 혜택을 받기 위해 무거운 텀블러를 챙기고, 크림치즈를 추가하고 싶은 유혹에 빠지지 않기 위해 치즈 토핑이 야박하게 뿌려져 있는 베이글을 주문한다. 갓 내린 신선한 커피와 따끈따끈한 베이글을 함께 먹으면 더할 나위 없이 좋겠지만 그러려면 주문을 한 번에 해야 하니 시간차를 둔다. 5000원짜리 주문이든 8500원짜리 주문이든 두 시간쯤 지나면 슬슬 눈치가 보이기 시작하는 건 마찬가지. 두 시간 반을 넘기기 전에 베이글이나 샌드위치를 추가로 주문하고 새 쟁반을 받아 오는 편이 체면치레에는 조금 더 도움이 된다. 물론 직원들이 이런 걸 일일이 신경 쓰지 않는다는 사실쯤은 안다. 그러기에 그들은 너무 바쁘다. 그래도 열심히 고민한다. 조금 더 싸게, 조금 더 오래 앉아 있는 방법을.

　그렇게 하루를 보내고 집으로 돌아오는 길에는 늘 같은 생각을 한다. 그래서 나 오늘 얼마 번 거지? 목표한 분량을 다 채운 날에는 영수증 두 장만큼은 번 것 같고, 반만 채운 날에는 커피값 정도만 겨우 메꾼 것 같다. 끝끝내 집중

하지 못하고 별 소득 없이 돌아오는 날도 물론 있다. 그런 날에는 헛돈만 쓴 것 같아서 자괴감이 밀려온다. 내 글의 값을 매겨보는 일. 아무 소용도 없고 정확히 계산할 수도 없는 그 일을 그만두지 못하고 자꾸 되풀이한다.

글쓰기는 노동일까? 그렇기도 하고 아니기도 하다. 일을 해서 돈을 번다는 노동의 기본 전제가 유효할 때도, 유효하지 않을 때도 있기 때문이다. 따로 청탁을 받은 경우가 아니라면 글쓰기는 그 자체로 돈이 되지 않는다. 글이 돈이 되려면 일단 책이 되어야 하고, 책이 팔려 인세가 되어야 한다. 그렇게 생긴 인세는 출판사를 통해 분기별 혹은 반기별로 정산된다.

그러는 동안에도 매일의 생활은 동전을 넣어야 작동하는 기계처럼 돌아간다. 매달 나가는 월세와 관리비, 보험료, 교통비와 통신비……. 그 모든 걸 인세로 충당하겠다는 기대는 애초에 하지 않는 게 좋다. 글쓰기는 현대인이 즐길 수 있는 가장 검소한 취미지만 그게 직업이 되면 이야기가 달라진다. 직업으로서의 글쓰기는 사치스럽다. 생활을 가능하게 해줄 부업(그러나 사실 이쪽이 본업이라는 걸 모두 알고 있다)을 하인처럼 거느려야 하니까. 하루 종일 글을 쓰고 다듬었지만 아무것도 하지 않은 것 같은 불안감을 느끼며 나는 다시 생각한다.

　　글쓰기는…… 노동일까……?

　　마스다 미리의 만화 《누구나의 일생》*에는 30대 일러스트레이터 '나쓰코'라는 인물이 등장한다. 그는 두 개의 이름으로 산다. 낮에는 도넛 가게 아르바이트생 하시다 나쓰코로, 밤에는 만화가 쓰유쿠사 나쓰코로. 하시다가 도넛 가게에서 일하며 만난 사람들과 그곳에서 포착한 일상의 순간들은 조금씩 비틀리고 변형되어 쓰유쿠사의 만화가 된다. 처음에는 하시다가 쓰유쿠사를 부양한다고 생각했다. 생활비도 만화의 소재도 모두 일을 하는 하시다에게서 나오니까. 하지만 이야기에 빠져들수록 그게 전부는 아니라는 걸 깨닫게 되었다. 자신의 이름으로 낸 책 한 권 없이 그저 인터넷에 만화를 올릴 뿐인 무명작가지만 그럼에도 그런 쓰유쿠사가 있어 하시다는 매일 도넛 가게로 출근할 수 있었을 것이다. 가장 소중한 것을 지키는 마음으로.

　　나쓰코는 하루를 반으로 나누어 살고, 나는 일주일을 반으로 나누어 산다. 마트 직원으로 사는 날에는 모호했던

---

* 박정임 옮김, 새의노래, 2024.3.11.

모든 게 분명해진다. 이 노동은 정직하다. 일곱 시간 반 근무, 한 시간 식사, 삼십 분 휴식. 하루 동안 내가 해야 할 건 그게 전부고 그 모든 걸 끝내고 나면 10만 원을 번다. 가만히 서서 손님을 기다리는 동안에도 돈을 벌고 있다는 사실이 가끔 믿어지지 않을 때가 있다. 그건 글쓰기를 통해서는 절대 얻을 수 없는 보장. 내 시간과 노동력이 돈으로 교환되고 있다는 감각이 이토록 소중한 것인지 작가가 되기 전에는 미처 알지 못했다.

도넛 가게에서 일하는 하시다와 만화를 그리는 쓰유쿠사처럼 마트에서 일하는 나와 글을 쓰는 나도 각자의 역할을 하며 서로를 지탱한다. 나는 불안을 잘 견디는 인간이 아니다. 마트에서 버는 돈이 없었다면 지금까지 쓴 그 어떤 책도 완성하지 못했을 것이다. 그리고 동시에 글쓰기는 마트 일을 계속하게 하는 원동력이 된다. 다른 곳에서는 번번이 1년을 채우지 못하고 도망쳤지만 마트에서는 악착같이 버티고 있다. 퇴근과 함께 끝나는, 절대 집까지 따라오지 않는 일. 작가로서의 삶을 계속하기 위해서는 바로 그런 일이 필요하기 때문이다.

나는 바다낚시를 한 번도 해본 적 없지만 글을 쓰는 일이 그것과 비슷하다는 생각이 든다. 아무리 좋은 미끼를 던져도 허탕을 칠 수 있고, 무엇을 얻게 될지 모르는 채로 묵묵히 자리를 지킨다는 점에서 그렇다. 마트 일이 내게 준 얕은 안정감을 구명조끼처럼 걸치고 책상 앞에 앉는다. 망망대해 같은 삶을 헤엄치기에 그 구명조끼는 너무나도 작고 하찮지만 덕분에 바다를 건너지는 못하더라도 가라앉지는 않을 수 있다. 가라앉지만 않는다면 끝끝내 어디에든 도착하게 될 거라고, 보이지 않는 희망을 또 한 번 믿어볼 수도 있다.

이 글에 붙였던 첫 번째 제목은 '8만 원의 감각'이었다. 딱히 길지도 않은 글을 썼다 말았다 하는 동안 시간은 계속 흘렀고, 마트 행사 일당은 8만 원에서 9만 원으로, 그리고 다시 10만 원으로 올랐다. 최근에는 11만 원짜리 자리도 종종 나온다. 그러는 사이 '글값'은 얼마나 올랐을까? 이런 계산을 하다 보면 다시 막막해진다. 그래도 가끔은 그 막막함을 모른 척하고 파마산 치즈 베이글 대신 케이크를 사 먹는다. 퇴근길의 나쓰코가 예쁜 빙수를 사 먹었던 것처럼. 언젠가는 글을 쓰는 내가 마트에서 일하는 나에게 케이크를 사주는 날이 올까? 내가 바라는 희망은 겨우 그런 것일지도 모르겠다.

시시한 재능의 쓸모

아르바이트 하면 생각나는 사람이 있다. 영화 〈백만엔 걸 스즈코〉의 주인공 사토 스즈코다. 대학을 졸업한 뒤 마땅한 직장을 구하지 못하고 부모님 집에 얹혀살던 스즈코는 레스토랑 아르바이트를 하며 알게 된 친구와 함께 집을 얻어 독립하기로 한다. 하지만 이 과정에서 친구에게 사기를 당하고, 설상가상으로 일이 이상하게 꼬이는 바람에 하루아침에 전과자 신세가 되고 만다.

동네 사람들의 수군거림을 견디는 일에도, 가족들의 눈치를 보는 일에도 신물이 난 스즈코는 신문 배달, 콜센터 상담, 건물 청소 등 온갖 아르바이트를 하며 악착같이 백만

엔을 모아 집을 떠난다. 자신을 아는 사람이 아무도 없는 곳을 찾아 저 멀리 바닷가의 작은 마을로. 그리고 그곳에 방을 얻은 뒤 해변의 한 가게에서 다시 아르바이트를 시작한다.

출근 첫날, 스즈코는 뜻밖의 재능을 발견하게 된다. 사장의 시범을 딱 한 번 봤을 뿐인데 그 자리에서 곧바로 흠 잡을 데 없이 완벽한 빙수를 만든 것이다. 그 모습을 지켜보던 사장 부부는 스즈코의 비범한 손재주에 감탄하며 말한다.

"정말 이런 데서 일해본 적 없어? 빙수 만드는 데 소질이 있어. 빙수의 천재 같아!"

하지만 정작 스즈코는 웃는 것도 우는 것도 아닌 난처한 표정을 짓는다. 칭찬을 받은 건 좋지만 살면서 처음으로 발견한 재능이 인생에 별 도움이 되지 않는 시시한 것이라 마냥 기쁘지만은 않은 것이다. 다음 일터인 과수원에서도 비슷한 상황이 펼쳐진다. 산골 마을로 거처를 옮겨 복숭아 수확 아르바이트를 시작한 스즈코는 태어나 처음 해보는 복숭아 따는 일을 도시 사람답지 않게 야무지게 해낸다.

"잘 따네! 나는 처음 시집왔을 때 하도 힘을 주고 따서 시어머니한테 얼마나 혼났는지 몰라. 어쩜 이렇게 잘해? 너,

복숭아 따려고 태어난 거 아니야?"

과수원 주인 할머니가 호들갑을 떨며 말하지만 이번에도 스즈코는 어색한 미소를 지을 뿐이다. 평생 복숭아 농장에서 일할 게 아니라면 복숭아 따는 재능 따위야 있어도 그만, 없어도 그만이니까. 스즈코가 가진 재능은 죄다 이런 식이다. 한 번도 빛나본 적 없는 별처럼 작고, 희미하고, 초라하다.

마냥 반가워하기 어려운 재능을 발견한 순간의 복잡한 심경을 나도 잘 안다. 자랑 아닌 자랑을 하나 해보자면 나는 늘 아르바이트를 하는 곳에서 에이스가 된다. 내가 잘하고 싶은 일은 글쓰기지만 실제로 잘하는 일은 이런 것들이다. 눈물 한 방울 흘리지 않고 피자빵에 들어갈 양파 썰기, 엄청난 속도로 파인애플 100통 손질하기, 핸드 블랜더를 쓰지 않고 수동 거품기로 생크림 만들기, 부글부글 끓는 속을 티내지 않으며 웃는 얼굴로 진상 손님 응대하기.

그것들은 내가 조금도 좋아하지 않는 일이지만 그런 일을 할 때의 나는 너무도 확실하게 유능하다. 글을 쓰는 동안 가장 많이 하는 일이 자책이라면 몸을 움직여 일하는 동안 가장 많이 하는 일은 자만이다. 아르바이트를 하며 나는 30분에 한 번씩 생각한다. 나는 도대체 왜 이렇게 일을 잘할까? 심심하면 한 번씩 듣는 칭찬에 우쭐해진 마음은 유니폼을 벗는 동시에 빠르게 가라앉는다. 거울 속의 내가 피곤한 얼굴로 묻는다.

그런데? 그거 잘해서 뭐 할 건데?

나는 이렇게 배웠다. 세상에 하찮은 재능은 없다고. 모든 재능은 똑같이 소중하다고. 하지만 이제 그런 말이 기만처럼 느껴진다. 어떤 재능은 다른 재능보다 틀림없이 더 귀하고 더 크게 빛난다. 어떤 재능은 부르는 게 값이지만 어떤 재능은 최저시급만으로 충분히 살 수 있다.

그렇다면 내가 가진 시시한 재능은 아무짝에도 쓸모없는 것일까? 이상한 일이지만 그런 재능은 결국 글쓰기에 도움이 된다. 하루 종일 풀리지 않는 원고를 붙잡고 씨름했지만 결국 빈 화면을 반도 채우지 못했을 때, 빛나는 재능을 가진 사람들이 쓴 아름답고 훌륭한 글을 읽다가 나도 모르게 슬그머니 기가 죽을 때…… 그럴 때면 재빨리 내가 가진 작고 귀여운 재능을 떠올린다. 책상 앞에서 나는 자주 작아지지만 유니폼을 입고 일터로 나가면 누구보다 큰 사람이 된다. 양파를 썰고 파인애플을 손질하며, 위기에 처한 동료들을 구하는 영웅이 되어 능숙하게 진상 손님을 퇴치하며, 한없이 쪼그라들고 희미해졌던 내 마음은 다시 부풀어 오른다.

글을 쓰는 나는 늘 돈을 버는 나에게 빚을 지고 있다. 물질적으로는 물론이고 정신적으로도 그렇다. 글을 쓰는 내가 1인분의 몫을 다하지 못해 의기소침할 때면 돈을 버는 내가 든든한 큰언니처럼 말한다. "괜찮아, 내가 1.5인분을 할 수 있거든!" 그러면 정말 다 괜찮은 것 같다. 시시한 재능은 돈도 되지 않고 빛나지도 않지만 좋아하는 일을 계속할 힘이 된다. 비빌 언덕이 있는 사람은 그렇지 않은 사람보다 조금 더 용감해질 수 있다.

내 글은 왜 이 모양일까. 늦은 밤, 책상 앞에 앉아 한숨을 쉬며 머리를 쥐어뜯다가도 내일을 위해 자야 할 시간이 다가오면 자책을 멈추고 일어나 잘 준비를 한다. 아침이 되면 말끔하게 옷을 차려입고 유능한 나를 만나러 간다. 정신없이 몸을 움직이다 보면 또 문득 이런 생각이 들겠지.

아, 나는 왜 이렇게 일을 잘할까!

잃어버린 재고를 찾아서

"담당님, 지금 바빠요? 나 도저히 안 되겠어. SOS!"

일요일 오후, 폭풍 같았던 점심 피크 타임이 끝나고 이제 막 한숨 돌려볼까 하던 참이었다. 하여간 가만히 서 있는 꼴을 못 본다니까! 다른 사람이었다면 이렇게 생각했겠지만 목소리의 주인공이 아리 대리님(크고 동그란 안경을 쓴 모습이 일본 만화 〈닥터 슬럼프〉의 주인공 아리를 닮아서 나 혼자 이렇게 부른다)이라서 마시려던 커피를 내려놓고 후다닥 달려갔다.

"대리님, 뭐 필요하세요?"

"나 좀 도와줘요, 담당님······. 이거 이대로 가다간 오늘 안에 안 끝나. 으아악!"

양손으로 머리를 감싸고 장난스럽게 우는 표정을 지어 보이는 아리 대리님은 우리 팀 마트 소속 정규직 중 유일한 여자다. 절대 먼저 인사하는 법이 없는 다른 정규직들과 다르게 늘 먼저 인사를 건네고 일도 잘해서 언니들에게 인기가 좋다. 물론 나도 아리 대리님을 좋아한다. 일터에서 시원시원하고 유쾌한 여자를 만나면 나도 모르는 사이에 마음을 홀랑 뺏기고 만다.

우리의 아리 대리님을 괴롭게 만든 건 잊을 만하면 돌아오는 재고 조사였다. 재고 조사는 보통 분기마다 한 번씩 진행된다. 나와 직접적으로 관련 있는 일이 아니라서 자세히는 모르지만 재고 조사에도 종류가 있는 것 같다. 영업 종료 후 새벽 시간을 이용해 외부 업체에 맡기는 경우도 있고, 영업 중 직원들이 하는 경우도 있다(이때의 '직원'이란 마트에 직접 고용된 내부 인력을 뜻한다). 몇 번의 사건과 소동 이후 마트 소속이 아닌 협력 업체 직원들에게 계약 외 업무를 지시하는 일이 금지되었기 때문이다.

하지만 모든 일이 매뉴얼대로 돌아가는 건 아니지. 일손이 부족할 때는 나도 재고 조사를 돕는다. 사실 나는 재고 조사를 좋아한다. 손님은 말이 많지만 제품은 말을 하지 않으니까. 누구도 상대하지 않고 혼자 조용히 일하는 게 좋아서 일부러 다른 회사 제품의 재고 조사까지 떠맡을 때도 있다. 여기저기 흩어져 있는 제품들을 꼼꼼히 확인하며 개수를 세다 보면 시간이 빨리 간다. 깨알 같은 바코드 번호를 읽느라 눈은 좀 피곤해도 마음은 편하다.

이번에 내가 맡은 제품은 캡슐 커피. 종류가 워낙 많아서 아리 대리님과 구역을 반씩 나눴다. 외부 업체에 맡기는 경우는 어떨지 모르지만 우리가 하는 재고 조사는 재고를 파악한다기보다 로스의 개수, 즉 분실된 재고의 수량을 파악하는 작업에 가깝다. 간단히 요약하면 이런 식이다.

1) 전산에 등록된 현재 재고의 수량을 파악한다.
2) 매장에 진열된 제품의 개수를 센다.
3) 전산의 재고 수량과 진열 제품의 개수 차이를 계산한다.
4) 창고에 있는 제품의 개수를 세서 매장 재고 수량과 더한 후 로스를 파악한다.
5) 로스가 너무 많을 경우 창고를 구석구석 뒤져서 숨어 있는 제품을 찾는다.
6) 최종 로스를 파악한다.

매장과 창고에 있는 제품의 개수와 전산에 등록된 수량을 확인하는 1번부터 4번 과정까지는 크게 어려울 게 없다. 서두르지 않고 차근차근 개수를 세서 더하고 빼기만 하면 된다. 문제는 창고 속 숨은 재고를 찾는 5번이다. 4번까지의 과정에서 숫자가 딱 떨어지지 않으면 먼지를 뒤집어쓰며 창고 구석구석을 뒤져야 한다. 마치 보물찾기를 하는 것처럼. 때로는 전혀 예상하지 못한 곳에서 제품을 발견하기도 한다(우리 커피가 왜 시리얼 박스에 있어······?). 아무리 찾아도 없으면 로스 처리를 한다. 인스턴트 블랙커피는 특히 로스가 많다. 부피가 작은 10개입, 30개입 제품들은 애초에 로스가 있을 것을 가정하고 개수를 센다.

재고 조사가 시작되면 사무실 앞에 카트를 몇 개 가져다 놓는다. '로스 카트'라고 불리는 그 카트는 누군가 훔치다 만 제품들을 위한 자리다. 로스 카트 안에는 이런 것들이 실려 있다. 500밀리리터짜리 판매 제품은 그대로 두고 30밀리리터짜리 증정품만 쏙 빼서 가져간 바디로션, 다섯 개 묶음인데 어째서인지 세 개만 남은 여행용 티슈, 뚜껑을 열어 몇 모금 마신 음료수, 미리 준비한 공병에 덜어갔는지 반만 남은 디퓨저 리필 용액(이걸 보고 모두 감탄을 금치 못했다!), 몇 개가 사라진 채로 뜯겨 있는 초코파이 박스······.

내용물은 없고 상자만 남은 캡슐 커피를 카트에 넣으며 작게 한숨을 쉬니 지나가던 와인 코너 매니저가 말한다.

"아니, 나는 진짜 이해가 안 돼. 와인은 도대체 어떻게 가져가는 거야? 우리 로스는 흔적도 없어!"

재고 조사는 로스 카트 몇 개가 가득 찬 뒤에야 끝났다. 이번에도 역시 창고를 샅샅이 뒤지느라 하얀 유니폼 셔츠에 얼룩덜룩 온갖 무늬가 생겼다. 끝끝내 찾지 못한 재고들은 어디에 있을까? 이미 누군가 맛있게 먹고, 야무지게 써버렸을까? 사람을 함부로 의심해선 안 되지만 재고 조사가 끝나고 나면 한동안은 수상한 손님들을 주의 깊게 살피게 된다. 하긴, 누군가 제품을 훔치는 모습을 눈앞에서 목격해도 협력업체 직원인 내가 할 수 있는 일은 없지만.

이 매장에서 경험한 재고 조사만 열 번이 넘는다는 경쟁사 고정 언니는 이제 그냥 제품에 발이 달렸다고 생각한다고 했다. 처음에는 물건을 훔치는 사람들을 꼬박꼬박 미워하고 욕했지만 그럴수록 힘들어지는 건 나 자신뿐이었다고.

"어차피 내 물건도 아닌데 뭐. 발이 달려서 도망간 거야. 그렇게 생각해야지 어쩌겠어."

퇴근 후 집에 돌아와 더러워진 유니폼 셔츠를 손으로 비벼 빨며 그 말을 떠올렸다. 다음 재고 조사 때는 발 달린 제품들을 또 얼마나 많이 발견하게 될까? 오후 내내 잃어버린 재고를 찾아 헤매는 동안 나 역시 무언가를 잃어버린 것 같았다. 그게 무엇인지 생각하지 않으려고 열심히 빨래를 했다.

그냥 아무거나 줘

　할머니의 이름을 아는 사람은 아무도 없었다. 할머니가 어디에서 왔는지, 어디로 가는지, 누구와 함께 사는지, 얼마나 나이가 많은지. 처음에는 다들 궁금해하고 드물게 걱정하는 사람도 있었지만 단순한 호기심이든 진짜 관심이든 어느 쪽도 그리 오래가지는 못했다.
　그러나 할머니의 존재를 모르는 사람 역시 아무도 없었다. 정확히 말하면 모르고 싶어도 모를 수 없었다. 가만히 있어도 땀이 뻘뻘 나는 한여름에 털조끼와 털모자, 두툼한 방한용 부츠로 무장하고 마트를 활보하는 백발의 노인을 만난다면 누구라도 그 모습을 잊기 힘들 것이다.

이 매장에서 꼬박 6년을 근무한 세제 언니도, 우리 팀 공식 마당발이자 소식통인 홍삼 언니도 정확히 언제부터였는지 알지 못했다. 할머니는 그냥 있었다. 푸드코트 한쪽에 놓여 있는 정수기처럼, 오래된 카트처럼 모두가 알지만 아무도 신경 쓰지 않는 존재로 그렇게. 정체가 불분명한 사람에게 필연적으로 따라붙는 온갖 추측과 소문이 할머니에게도 물론 있었다. 애지중지 키운 외아들을 앞세우고 정신이 반쯤 나가버린 가여운 여자라느니, 병원비를 내지 못해 육교 건너 저 멀리 어느 요양병원에서 쫓겨난 환자라느니. 저마다 어디선가 주워들은 이야기를 늘어놓았지만 진실이 무엇인지 알 도리는 없었다.

사람들의 시선 따위는 아랑곳하지 않고 할머니는 언제나 스스로 정한 루틴대로 움직였다. 행사 직원들이 출근하기 시작하는 오전 열한 시쯤이면 할머니도 함께 출근해 매장을 한 바퀴 둘러본다. 이쪽 끝부터 저쪽 끝까지 할머니가 슬렁슬렁 순찰을 마치고 나면 행사 직원들의 시식 준비도 얼추 끝난다. 첫 번째 코스는 언제나 농산물 코너. 철마다 달라지는 과일과 항상 자리를 지키고 있는 버섯은 빈속에도 부담 없는 훌륭한 에피타이저다. 다음은 축산물 코너.

고정 행사가 아니라서 허탕을 치는 날도 있지만 운이 좋으면 고소한 삼겹살이나 달콤한 불고기를 맛볼 수 있다. 그렇게 냉동식품과 라면, 과자와 음료 코너까지 차례로 섭렵하며 느긋하게 배를 채우고 나면 할머니가 드디어 내게 온다.

커피 업체는 행사 품목이 다양해서 손님이 오면 먼저 어떤 제품을 시음하고 싶은지 묻는다.

"달콤한 걸로 드릴까요, 씁쓸한 걸로 드릴까요?"

열 개가 넘는 선택지를 두루뭉술하게 요약해 물으면 할머니는 늘 이렇게 대답했다.

"늙은이가 뭘 알어. 그냥 아무거나 줘."

시음 행사의 목적은 더 많은 사람들에게 제품을 알리고 판매하는 것이다. 행사 직원인 나에게는 레시피를 정확히 지켜 제품을 바르게 알리고, 매뉴얼에 어긋나지 않는 방식으로 제공할 의무가 있다. 하지만 할머니를 위한 '아무거나'를 만드는 동안에는 그걸 자주 잊었다. 어떤 날에는 기본 커피 믹스에 달지 않은 라떼를 섞어 양을 불리기도 했고, 어떤 날에는 샘플로 들어온 자판기 우유 분말에 핫초코를 섞어 초코라떼를 만들기도 했다. 아주 가끔 녹차라떼나 밀크티 같은 특별한 제품이 들어올 때면 커다란 종이컵을 꺼내 그걸 두 개씩 타기도 했다. 무엇을 건네든 할머니는 늘 똑같은 반응이었다.

"감사합니다. 감사합니다."

매장을 찾는 수많은 손님 중 할머니가 유독 눈에 띄었던 이유도 그 인사 때문이었다. 시식 코너의 음식을 먹고 나면 할머니는 꼭 두 번씩 인사를 했다. 감사하다는 말도 두 번, 허리를 굽히며 고개를 꾸벅 숙이는 몸짓도 두 번. 인사를 하지 않거나 한 번만 하는 날은 없었다. 음식을 가져간 모든 코너에서 매번 그렇게 했다. 행사 직원이 급한 일로 자리를 비워 아무도 없는 텅 빈 시식대 앞에서도 마찬가지였다. 다 식어빠진 군만두 반쪽을 입에 넣고 변함없이 두 번 인사하는 할머니의 뒷모습을 자주 보았다.

할머니는 커피를 마시러 나에게 왔다. 다른 언니들에게는 가지 않고 나에게만 왔다. 아마도 눈치가 보여서 그랬을 것이다. 언니들은 할머니를 달가워하지 않았다. 저 멀리서 할머니가 나타나면 물건을 정리하는 척 일부러 자리를 피하기도 하고, 바쁠 때면 대놓고 귀찮은 티를 내기도 했다. 잊지 않고 꼭 두 번씩 하는 인사가 죽은 사람에게 올리는 절 같아 기분 나쁘다는 말도 있었다. 언니들이 말하는 할머니는 눈치도 염치도 없는 사람이었지만 나는 다른 진상 손님들보다 할머니가 훨씬 낫다고 생각했다. 무엇이든 1인분 이상은 손대지 않는다. 이미 들른 곳에서는 또 시식하지 않는다. 주류 코너에는 눈길도 주지 않는다. 할머니가 정말 눈치도 염치도 없는 사람이었다면 이런 규칙도 없었을 텐데. 하지만 적극적으로 할머니를 변호하지는 못했다. "불쌍하다고 자꾸 그러면 버릇 돼. 좋은 거 주니까 계속 너한테만 오잖아." 옆자리 언니에게 잔소리를 들은 날에는 미처 숨기지 못한 얄팍한 동정심을 들킨 것 같아 괜히 손이 부끄러웠다.

할머니의 치매가 심해진 건 그렇게 반년이 지나고부터였다. 원래도 한 번씩 오락가락하긴 했지만 남에게 피해를 주거나 난동을 부리는 일은 없었는데, 언제부턴가 매장이 소란스러워서 주위를 둘러보면 할머니가 언니들에게 호통을 치고 있었다. 이유는 다양했다. 여자가 건방지게 안경을 썼다고, 옷 색깔이 마음에 들지 않는다고, 지나가는 손님에게 인사를 했다고.

그중에서도 가장 자주 봉변을 당한 건 요구르트 언니였다. 할머니는 언니네 회사가 자신의 돈을 훔쳐갔다고 굳게 믿었다. 그 회사의 로고가 찍힌 앞치마를 입고 있으니 너도 한통속이라고 주장하며 정말로 돈을 뜯긴 사람처럼 욕을 퍼붓고 바락바락 악을 썼다. 그러다가도 정신이 돌아오면 다시 두 번씩 고개 숙여 인사했다. 그런 일이 반복되자 할머니는 한층 더 유명해졌다. 할머니를 가엾게 여기는 사람은 이제 아무도 없었다. 미친 노인네. 그 무렵 사람들은 할머니를 그렇게 불렀다.

그리고 결국 사건이 터졌다. 어느 주말, 할머니가 허리춤에 과도를 숨기고 매장에 들어온 것이다. 돈을 내놓으라고 중얼거리며 칼을 만지작거리는 모습을 본 손님들의 민원이 빗발쳐 결국 경찰까지 출동했다. 할머니는 정말 그 칼로 요구르트 언니를 찌르려고 했던 걸까? 그런 생각을 하면 뭐라고 설명할 수 없이 마음이 착잡해졌다. 그 소동을 피우고 나서도 할머니는 열한 시가 되면 다시 태연하게 나타났다. 할머니가 등장하면 곧바로 경찰을 부르는 게 보안팀의 새로운 업무였다.

"아니, 내가 뭘 어쨌다고 이러시나? 바쁘신 양반들이 말이야!"

할머니는 마치 경호원처럼 양옆으로 경찰 두 명을 대동하고 시식 코너를 돌았다. 1인분 이상은 절대 손대지 않고, 두 번씩 고개 숙여 절 같은 인사를 하며. 마지막은 언제나 나였고, 그 무렵에는 나도 주변의 눈치를 살피며 기본 커피 믹스 말고는 아무것도 주지 않았다. 언니들에게는 툭 하면 시비를 걸던 할머니가 나에게는 그저 알 수 없는 말들만 중얼중얼 늘어놓았다. 곧 호랑이가 찾아올 테니 감을 따다 놓으라고. 더 늦기 전에 대동강에 가서 사천만 원을 찾아오라고. 거기에 가면 선녀님들을 만날 수 있다고.

지금 생각해도 이상한 일이다. 그 모든 일을 겪고도 어째서 할머니에게 측은한 마음이 들었을까. 왜 언니들의 눈을 피해가면서까지 할머니를 위한 '아무거나'를 만들었을까. 알량한 도덕적 우월감을 느끼려고? 그래, 그랬을지도 모르지만. 남편도 있고 자식도 있는 언니들은 상상하지 못할 미래를 나는 할머니를 통해 보았던 것 같다. 결혼할 생각도, 아이를 낳을 계획도 없는 내가 띠동갑을 두 번 넘는 언니들보다 그 모습에 더 가까운 것 같아서. 최악의 미래가 사고처럼 내게 닥친다면 누군가 딱 이만큼의 친절을 베풀어주기를 바라며 시음대 서랍에 숨겨놓은 자판기 우유 분말을 꺼냈다.

나는 그곳에서 딱 1년을 일했다. 마지막으로 근무하던 날에도 할머니는 어김없이 찾아왔다. 내가 할머니보다 먼저 떠난다는 사실이 다행인 것 같다가, 아니 정말 다행인 게 맞나 싶다가, 결론을 내릴 수 없어 아무 말 없이 마지막 '아무거나'를 만들었다. 퇴사 후 친하게 지냈던 언니들과 드문드문 안부를 주고받았지만 언니들도 나도 할머니에 대한 이야기는 하지 않았다. 다만 종종 생각했다. 할머니의 다 빠진 앞니와 사시사철 입고 있던 하늘색 털조끼를. 가족도 친구도 나라도 아닌 마트에 의지해 하루하루 살아갈 수밖에 없었던 어떤 노후를.

마트용 자아

초등학교 입학을 앞둔 어느 날, 집으로 커다란 상자 하나가 도착했다. 보낸 사람은 나이 차가 많이 나는 고등학생 사촌 언니. 곧 학교에 들어가는 내가 책을 좋아한다는 이야기를 듣고 더 이상 읽지 않는 책들을 보내준 것이었다. 설레는 마음으로 열어본 상자 속에는 동화책과 위인전, 세계문학전집 같은 것들이 잔뜩 들어 있었는데 어린 내가 보기에도 하나같이 80년대스러웠던 기억이 난다. 그중 제일은 만화책이었다. 펜으로 쓱쓱 대충 흘려 그린 듯한 그림체의 어린이용 학습 만화 시리즈. 90년대 책에서는 찾아볼 수 없는 투박한 촌스러움이 묻어나는 그 책을 나는 무척 좋아했다.

　총 여섯 편으로 구성된 시리즈 중 손이 가장 많이 가는 건 역시 속담 편이었다. 주인공 남자아이가 강아지와 함께 동네 여기저기를 돌아다니며 상황에 맞는 속담을 하나씩 배워가는 내용. 그게 뭐가 그렇게 재미있었는지 표지가 너덜너덜해질 때까지 읽고 또 읽었다. 그 책에 따르면 알뜰살뜰 살림을 꾸려가는 엄마는 '티끌 모아 태산'을 실천하는 사람이었고, 아직 어려 글을 읽지 못하는 동생은 '낫 놓고 기역 자도 모른다'를 몸소 보여주었다. 일주일에 다섯 번 만나는 피아노 학원 선생님은 '천 리 길도 한 걸음부터'를 강조하며 매일 바이엘 연습을 시켰고, 나는 '눈 가리고 아웅' 하며 선생님이 그려놓은 포도알을 한 번에 두세 개씩 색칠했다. 그리고 아빠는……

　외가 친척들이 모두 모인 명절 연휴였다. 밤과 함께 어른들의 술자리가 무르익고 있었다. 나는 언니들이 모여 있는 작은방과 거실을 오가며 오징어 다리나 커피 땅콩 같은 안주를 야금야금 집어먹었다. 즐거워 보이는 엄마와 다르게 아빠는 술기운이 올라 벌게진 얼굴로 다른 어른들이 하는 말을 가만히 듣고만 있었다. 그 모습은 내게 익숙했다.

여기뿐만 아니라 다른 어디에서도 아빠는 늘 가장 조용한 사람이었으니까. 그런데 그때 누군가 말했다.

"하 서방은 어쩜 그렇게 꿔다 놓은 보릿자루처럼 앉아 있어?"

그게 속담이라는 것을 직감적으로 알아차린 나는 잽싸게 방으로 돌아왔다. 아무리 기억을 더듬어봐도 속담 만화책에 그런 말은 나오지 않았다.

"언니, 꿔다 놓은 보릿자루가 뭐야?"

많은 언니 중 누가 어떻게 설명해주었는지는 기억나지 않지만 그날 이후 한동안 아빠를 볼 때마다 그 말을 생각했다. 그렇구나, 아빠는 꿔다 놓은 보릿자루였구나!

그날을 다시 떠올린 건 세월이 흘러 대학교 졸업을 앞둔 무렵이었다. 그 시절의 나는 인생을 통틀어 거짓말을 가장 많이 했는데, 술 한 방울 마시지 못하면서 와인을 판매하려면 어쩔 수 없었다. 주중에는 학교에 나가 졸업 작품 준비를 하고, 주말에는 마트 와인 코너로 출근해 돈을 벌었다. 단기 아르바이트를 몇 번 해서 익숙한 매장이었지만 주말마다 고정으로 출근하게 되니 느낌이 또 달랐다. 벽면을 가득 채운 와인들의 이름과 특징을 외우는 일도, 손님에게

얕보이지 않기 위해 그것들을 전부 마셔본 척하는 일도 어색하기만 했다. 주말마다 내가 아닌 다른 사람을 연기하는 기분이 들었고, 대단한 거짓말을 하는 것도 아닌데 늘 조마조마했다. 하루 종일 잔뜩 긴장한 채로 근무하다가 쉬는 시간이 되면 휴게실로 달려갔다. 3층 여자휴게실의 제일 안쪽 구석 자리. 그곳이 내 지정석이었다.

딸보다도 어린 내가 구석에 혼자 앉아 있는 게 안돼 보였는지 언니들은 각자의 방식대로 나를 챙겨주었다. 즉석식품 코너를 사이에 두고 서로 마주보며 근무하는 건어물 언니는 간식을 먹을 때면 꼭 나를 불러 다 같이 모여 앉은 테이블에 끼워주곤 했다.

"저기 와인 언니는 아가씨라 그런지 빌려온 고양이 같네. 이리 와서 떡 하나 먹어!"

빌려온 고양이가 뭐지? 언니가 나눠준 인절미를 우물거리며 스마트폰으로 그 뜻을 검색해본 나는 픽 웃고 말았다. 여럿이 모여 있는 자리에서 함께 어울리지 않고 혼자 덤덤히 있는 사람. 뭐야, 이거 완전 꿔다 놓은 보릿자루잖아……!

유전자의 힘은 대단했다. '콩 심은 데 콩 나고 팥 심은 데 팥 난다'는 말처럼 꿔다 놓은 보릿자루를 심은 곳에서는 빌려온 고양이가 났다. 어떤 자리에서든 늘 묘하게 겉돌며

제로에 가까운 존재감을 자랑하는 나는 '닮았다'는 말로도 부족한 아빠 그 자체였다. 보릿자루 하 서방의 모습을 내게서 발견할 때마다 놀라움과 어떤 지긋지긋함을 동시에 느꼈다.

여러 사람이 복작복작 부대끼며 지내는 곳이 모두 그렇듯 마트 역시 빌려온 고양이에게 친절한 세계는 아니었다. 마트 행사의 가장 큰 장점이자 단점은 옆에서 알려주는 사람 없이 모든 일을 스스로 해내야 한다는 것이다. 직원 출입구와 택배 보관소, 내가 사용할 시식대와 증정품을 찾는 기본적인 일부터 시작해서 집중 근무 시간(매장마다 다르지만 보통 이 시간에는 식사나 휴식이 금지된다)이나 설거지 순서 같은 자잘한 정보와 규칙을 숙지하는 일까지. 근무에 필요한 건 무엇이든 눈치껏 찾고 알아서 해결해야 한다. 이런 것들을 전부 스스로 알아내려면 한 달이 걸릴지도 모른다. 가장 빠르고 확실한 방법은 아무나 붙잡고 물어보는 것. 장담하건대 그보다 좋은 방법은 없다.

하지만 처음에는 입이 잘 떨어지지 않았다. 매장에 손님이 많든 적든 후방은 늘 분주하다. 자기 몸무게보다 무거운 수레를 끄는 파트라슈 같은 얼굴로 끊임없이 뭔가를 나르거나 정리하는 사람에게 다가가 말을 붙이려면 몇 가지 용기가 필요했다. 무시당할 용기, 짜증 섞인 대답을 들을 용기, '넌 뭔데 이 바쁜 와중에 눈치 없이 말을 시키냐'는 존재론적 질문이 담긴 눈빛을 마주할 용기……. 물론 그런 용기가 내게 있을 리 없었다. 그나마 여유 있어 보이는 사람을 찾아 궁금한 것을 물어보아도 온갖 물건들이 켜켜이 쌓여 있는 후방에서는 금세 또 길을 잃기 일쑤였다. 시간이 지나 이 매장에 익숙해져도 계약이 종료되어 저 매장에서 일을 시작하면 다시 원점이었다. 낯선 후방에서 파트라슈 같은 얼굴로 끊임없이 뭔가를 나르거나 정리하는 사람에게 다가가…….

몇 개의 매장에서 똑같은 과정을 거친 뒤에야 비로소 나는 가장 중요하고 기본적인 것을 깨달았다. 정답은 인사였다. "안녕하세요!" 그 한마디면 모든 게 수월해졌다. 내가 놓치고 있던 포인트는 바로 느낌표였다. 앞서 일했던 매장에서도 열심히 인사했지만 그건 "안녕하세요!"가 아니었다. "안녕하세요"나 "안녕하세요……" 상황에 따라서는 "안녕하스……"일 때도 있었다. 그런 인사로는 격무에 시달리는 파트라슈들의 마음을 얻을 수 없었다. 그래서 인사법을 바꿨다.

"안녕하세요!"
"안녕하세요~!"
"안녕하세요!!!!!"
그건 얼마쯤 나를 바꾸는 일이기도 했다.

우렁찬 인사 앞에서 야멸차게 구는 사람은 없었다. 얼굴에 철판을 깔고 느낌표를 붙여 인사하면 반은 화답하고 반은 당황했다. 그 틈을 놓치지 않고 궁금한 것을 물어보았다. 아쉬울 때만 살갑게 군다는 말을 들을까봐 궁금한 게 없을 때도 똑같이 인사했다. 그러다 보면 어느샌가 진짜로 반가운 사람들이 생겼다. 훗날 나의 밥 친구가 된 참치 언니는 나를 처음 만난 날을 이렇게 회상했다.

"어우, 야! 나는 얘 처음 봤을 때 하도 반갑게 인사를 해서 아는 사람인 줄 알았잖아. 얼떨결에 같이 인사했는데 아무리 생각해도 누군지 기억이 안 나는 거야. 하루 종일 얼마나 찝찝했는지 몰라!"

그렇다고 해서 나라는 사람이 변한 건 아니었다. 나는 여전히 나였다. 너무 나라서 집에 돌아오면 바람 빠진 풍선처럼 침대 위로 힘없이 가라앉곤 했다. 와인 코너에서의 연기가 조연이었다면 이 연기는 주연이었다. 매장에서만 다른 사람이 됐던 그때와 달리 이제는 휴게실에서도 후방에서도 연기를 멈출 수 없었다. 나는 출근과 동시에 자아를 갈아 끼웠다. 입고 온 옷을 벗고 유니폼으로 갈아입듯이. 마트용 자아. 그걸 그렇게 부르기로 했다.

마트용 자아를 입고 근무하는 동안에는 손님을 대하는 태도도 달라질 수밖에 없었다. '안녕하세요' 뒤에 붙는 느낌표처럼 씩씩하고 능청스럽게. 이쪽은 차라리 쉬웠다. 다시 볼 일 없는 사람들 앞에서 나는 조금 더 편하게 나를 내려놓았다. 농담도 거짓말도 제법 자연스러웠다. 그들에게 진짜 나를 들킬 일은 없을 테니까.

어디까지가 진짜고 어디부터가 가짜일까. 일하는 내내 그게 궁금했다. 처음에는 당연히 마트 밖의 내가 진짜라고, 마트에서의 나는 연기를 통해 만들어낸 가짜라고 생각했다. 그러나 나도 모르는 사이 매일의 거짓말이 모여 내가 되고 있었다. 그 속도는 아주 느리지만 동시에 아주 빠르기도 해서 돌이켜 생각해보면 마트 일을 처음 시작했을 때의 나와 지금의 나는 전혀 다른 사람처럼 느껴졌다.

그렇다면 나는 '진짜 나'를 잃어버린 걸까? 어쩌면 그럴지도 모른다. 일이란 건 언제나 나를 내게서 조금씩 멀어지게 하니까. 다만 내가 잃어버린 것이 모두 귀하고 좋은 것만은 아니었을 것이다. 버리려고 부단히 노력했지만 자꾸 되돌아왔던 것들. 일하는 사람으로 살며 잃어버린 무언가에는 분명 그런 것들도 포함되어 있었겠지. 진짜와 가짜를 나누는 건 애초에 의미 없는 일이었다. 마트에서 보낸 무수히 많은 시간이 너무도 선명하게 진짜였으므로. 이런 나도 저런 나도 모두 진짜라고 인정하게 되었다.

요즘의 나는 필요에 따라 마트용 자아를 마트 밖에서도 꺼내 쓰곤 한다. 그냥 나로 가기에는 너무 떨리는 북토크나 강연 자리에서, 빌려온 고양이처럼 있을 수 없는 중요한 미팅에서. 시식대 안에 넣어놓은 유니폼 앞치마를 떠올리며 지금 내 앞에 있는 사람들은 우리 매장에 온 손님일 뿐이라고 주문을 건다. 그러면 정말 신기하게도 떨리던 목소리에 힘이 생긴다. 마트 일이 내게 준 가장 좋은 것은 바로 이것이다.

얼마 전에는 본가에 갔다가 우연히 아빠가 거래처 사람과 통화하는 모습을 보았다. 내색하지는 않았지만 조금 놀랐다. 아빠의 말투가 너무나도 쾌활하고 싹싹했기 때문이다. 나보다 훨씬 오랜 시간을 일하는 사람으로 살아온 아빠에게는 몇 개의 자아가 있을까. 그럼에도 끝끝내 '보릿자루 하 서방'이 가장 커지는 순간에는 어떤 마음으로 일할까. 빌려온 고양이인 나는 아직 거기까지는 알지 못한다. 언젠가 그 모든 걸 알게 되는 날이 온다면 말할 수 있겠지. 옷을 갈아입듯 자아를 바꿔가며 내가 얼마나 멀리까지 왔는지.

    아무것도 잃어버리지 않고는 도착할 수 없는 곳. 그게 어디인지도 모르면서 그곳을 향해 달려간다. 익숙한 나와 새로운 내가 거기 모두 있다.

그래서 나는 뭐가 된 걸까

　수요일. 도서관에서 오전 작업을 마치고 카페로 자리를 옮겨 오후 작업을 시작하려고 하는데 스마트폰 진동이 울렸다. 화면에 뜬 이름은 파견업체 매니저였다. 출근하지 않는 날 매니저에게 연락이 오면 나도 모르게 멈칫하게 된다. 그동안의 경험에 따르면 그가 전하는 소식은 둘 중 하나다. 귀찮은 소식이거나(쓸데없는 본사 교육은 왜 이렇게 자주 하는 걸까?), 당황스러운 소식이거나(근무 일정이 바뀐 걸 당일 아침에 알려주면 어쩌라는 걸까……). 이번에는 둘 다였다. 매니저는 내가 "여보세요"라는 한마디를 채 끝내기도 전에 다급한 목소리로 말했다.

"하현 씨, 혹시 다음 주에 바빠요? 상암점에 지원 좀 나가주면 안 될까?"

"네? 갑자기 상암……."

"주말은 원래대로 출근하고 2주 동안 평일만 다녀오면 돼요."

"2주나요? 저희 집에서 상암은 좀 먼데……."

"안 멀어, 하아아아나도 안 멀어. 지금 매장에서 삼십 분도 안 걸려."

"그건 차로 갔을 때 얘기잖아요. 저는 지하철 타고 가야 돼요."

"내가 교통비로 오천 원 더 넣어줄게. 펑크 나면 안 되는 매장인데 사정이 워낙 급해서 그래요. 한 번만 도와줘, 응? 가는 거다?"

정신을 차렸을 땐 이미 통화가 끝어진 뒤였다. 아무리 그래도 서울까지 가는 건데 오천 원이 뭐야. 교통비가 아니라 점심값 정도는 챙겨줘야지. 그제야 그런 생각이 들었지만 투덜거리면서도 스마트폰 캘린더 앱을 열어 추가된 근무 일정을 등록했다. 마지못해 수락하는 척했지만 사실 나 역시 아쉬운 입장이었다. 얼마 전, 비수기를 맞아 7~8월(커피 믹스 시장은 여름철에 매출이 대폭 감소한다) 두 달 동안 행사 직원들의 근무일수를 조정하기로 했다는 공지가 내려왔기 때문이다. 안 그래도 작고 귀여운 월급에 뚫린 커다란 구멍을 메꿀 수 있게 됐으니 오히려 다행이라고 해야 할까. 일산에서 상암까지 가는 가장 빠른 경로를 검색하며 머릿속으로 다음 달에 들어올 돈을 계산해보았다.

상암점은 디지털미디어시티역에서 도보로 15분 정도 떨어진 곳에 있었다. 매니저의 호언장담처럼 하나도 멀지 않다고 할 수는 없었지만 걱정했던 것보다는 가까웠다. 안으로 들어가보니 매장 규모는 시시할 만큼 작았다. 계산대는 세 개뿐이었는데 그마저도 하나는 닫혀 있었고, 매대와 매대 사이는 카트 한 대가 지나가면 꽉 찰 만큼 비좁았다. 땅값 비싼 서울이라 어쩔 수 없다지만 아무리 그래도 이 정도면 일산에서는 대형마트 축에 끼지도 못하겠군. 새로운 마트를 구경할 생각에 들떴던 마음이 빠르게 가라앉았다.

전기 포트의 물이 거의 다 끓어갈 때쯤 누군가 불쑥 다가와 말을 걸었다. 직원용 카트에 우리 제품을 가득 싣고 온 걸 보니 아마도 이곳 고정 직원인 듯했다.

"행사 언니 왔구나? 아이고, 이번에는 애기가 왔네. 언니야, 여기는 다른 매장이랑 달라. 우리는 평일 장사야. 주말에는 손님 없으니까 주중에 최대한 많이 빼야 된다고. 열심히 좀 팔아줘요. 그래야 다음 주에 또 발주 넣을 수 있어."

고정 언니의 말대로 월요일 오전인데도 매장은 꽤 북적거렸다. 주초에는 무섭도록 한적하다가 목요일부터 슬슬 활기를 띠기 시작해 주말에 피크를 찍는 우리 매장과는 정반대였다. 며칠 근무해보니 손님들의 분위기와 소비 패턴에도 확연한 차이가 있었다. 신선 식품을 취급하는 농산물이나 수산물 코너에는 사람이 별로 없었고, 가공식품 코너는 끊임없이 붐볐다.

특이한 점은 매장에서 제일 좋은 자리라고 할 수 있는 중앙 통로 오른편 매대에 온갖 과자들을 진열해놓은 것이었다. 우리 매장이었다면 특가로 나온 라면이나 참치캔이 놓여 있을 자리였다. 물론 VIP석에 앉는 영광을 아무 과자나 누릴 수 있는 건 아니었다. 봉지 과자는 가차 없이 탈락. 소포장이 되어 있는 비스킷이나 샌드, 파이 종류의 과자들만 그곳에 모여 카트에 담기기를 기다리고 있었다. 이 매장 매출은 드넓은 상암 땅을 수두룩 빽빽하게 채우고 있는 주변 회사들의 탕비실에서 나오는구나. 그것이 내가 평일 지원 근무를 나온 이유였다.

내 자리는 과자 매대 맞은편 커피와 차 코너가 시작되

는 곳이었다. 하루 종일 그곳에 서서 지나가는 사람들을 물끄러미 바라보는 게 사실상 내가 맡은 일의 전부라고 해도 좋았다. 평일 낮에 커피를 사러 온 손님들은 대부분 법인 카드를 소지하고 있었는데, 그건 그들이 할인이나 증정 같은 알뜰 쇼핑 정보에 개미 눈곱만큼도 관심이 없다는 뜻이기도 했다. 어차피 남의 돈을 쓰러 온 사람들에게 700원짜리 할인 쿠폰이나 라떼 믹스 두 개가 들어 있는 증정용 키트를 건네는 건 아무 의미도 없었다. 그들에게 중요한 건 오직 하나였다. 맥심인가, 아닌가. 맥심이 아니라면 눈길조차 주지 않는 충성 고객에게 다른 브랜드의 커피는 사이비 종교나 마찬가지였다. 고작 몇 시간 만에 거절에 익숙해진 나는 커피 믹스 시장을 꽉 쥐고 있는 동서식품의 위대함을 새삼스럽게 실감하며 가마니처럼 가만히 서 있을 뿐이었다.

240개짜리 모카골드 마일드 박스를 들고 가는 손님들 중에는 내 또래로 보이는 얼굴도 많았다. 일하다 보면 한 번씩 그들의 시선이 내게 머무르는 게 느껴졌는데, 눈을 마주치는 순간 모두 황급히 고개를 돌리곤 했다. 그러나 그 짧은 순간 나는 분명 보았다. 무언가 신기한 것을 목격했다는 듯한 호기심 어린 눈빛을. 이 매장에 나보다 어리거나 나만큼 젊은 직원은 아무도 없었고, 그래서 내 존재가 어쩔 수 없이 눈에 띈다는 사실쯤은 자각하고 있었다. 그럼에도 자꾸만 그 눈빛에 담긴 의미를 해석하게 됐다.

오후 네 시 반이 되면 오피스 단지가 모여 있는 곳으로 식사를 하러 갔다. 얼른 먹고 조금이라도 더 쉬고 싶은 마음에 일부러 애매한 시간대를 고른 건데 그런 계산이 무색하게 어디든 사람이 많았다. 이 시간에 밥을 먹는 사연이라면 뻔했다. 일이 바빠 점심때를 놓쳤거나, 야근을 위해 이른 저녁을 먹는 중이거나. 중심가를 따라 쭉 늘어선 식당들을 지나 빈자리가 있는 분식집 하나를 겨우 찾았다. 떡볶이를 주문하고 기다리는데 맞은편 테이블에 앉은 사람들이 눈에 들어왔다. 너그러운 마음으로 보면 아직 젊다고 할 수 있는 남자와 학교를 갓 졸업한 듯 앳된 얼굴의 여자였다. 딱히 귀를 기울인 건 아닌데 테이블 간격이 너무 좁아서 둘의 대화가 선명하게 들렸다. 아마도 근처 방송국에서 일하는 모양이었다. 선배로 보이는 남자는 순두부찌개와 쫄면을 번갈아 먹으며 쉴 새 없이 잔소리를 했다.

"자막을 좀 센스 있게, 어? 참신하게 넣으란 말이야. 뻔한 소리는 차라리 안 하는 게 낫다고. 나는 여기 처음 들어왔을 때……."

내가 주문한 떡볶이가 나올 때쯤 둘은 자리에서 일어났다. 기어들어가는 목소리로 대답하며 이백 번쯤 고개를 끄덕이던 여자는 결국 김치볶음밥을 반도 먹지 못했다. 그들이 떠난 자리를 바라보고 있으니 내 마지막 직장 생활이 떠올랐다. 사원수가 스무 명도 안 되는데 임원만 다섯 명이 넘는 웃기지도 않은 가족 회사였다. 나보다 겨우 한 살 많은 사장 아들도 임원 중 하나였다. 그와 단둘이 점심을 먹은 뒤 사무실을 몰래 빠져나와 소화제를 사 먹던 나도 아까 그 여자 같은 모습이었을까. 혼자 먹는 떡볶이는 맛있었다. 관심 없는 이야기에 억지로 호응할 필요 없이 한 시간을 온전히 쉴 수 있는 지금이 더할 나위 없이 좋아서 그때의 결정이 후회되지 않았다. 그곳에서 도망치지 않았다면 아무것도 얻을 수 없었겠지. 내 이름을 걸고 세상에 나온 몇 권의 책도, 작가로서 이룬 크고 작은 성취도.

　　상암점 출근 마지막 날. 특별히 어렵거나 힘든 업무는 없었지만 두 매장을 번갈아 가며 연속 8일을 쉬지 않고 출근하니 체력이 한계에 다다른 게 느껴졌다. 밥보다 잠이 절실해서 식사 시간을 당겨 휴게실에서 쪽잠을 자고 나왔는데도 자꾸 눈이 감겼다. 슬금슬금 구석으로 숨어 몰래 졸고 있는데 어디선가 갑자기 들려오는 큰 소리에 화들짝 놀라 정신이 들었다. 한 무리의 사람들이 아이스크림 쇼케이스 앞에서 왁자지껄하게 떠들며 가위바위보를 하고 있었다.

　아이스크림 내기를 하는 사람들은 그들 말고도 많았다. 점심을 먹고 사무실로 돌아가다가 아쉬운 마음을 달랠 작은 즐거움을 찾아 마트에 들른 직장인들. 클래식한 가위바위보부터 생전 처음 보는 게임까지 종목도 다양했다. 그들에게서 눈을 뗄 수 없었던 건 그 모습이 특별해서가 아니었다. 그들의 목에 걸린 익숙한 로고가 찍혀 있는 사원증. 내가 보고 있었던 건 바로 그것이었다.

　그 모습은 한때 내가 꿈꾸던 미래였다. 그 회사에 들어가고 싶어서 아는 사람 하나 없는 다른 학과 수업을 듣기도 했다. 누구나 알 법한 영화와 드라마를 만드는 사람들. 밤을 새워 까칠해진, 그러나 더없이 빛나는 얼굴로 세상에 없는 새로운 세계를 그리는 사람들. 나도 내 젊음을 그런 일에 쓰고 싶었는데 어째서 마트에서 커피를 팔고 있는 걸까. 내 이야기를 쓰겠다고 회사를 뛰쳐나왔지만 결국 대단한 글은 쓰지 못했고, 업무 일지에 고작 이런 푸념이나 끄적이고 있는 스스로가 한심해 어디로든 숨고 싶었다.

근무를 마치고 나오니 부슬부슬 비가 내리고 있었다. 그러고 보니 곧 장마가 시작된다고 했었지. 그새 익숙해진 골목을 천천히 걸어 역으로 향했다. 그래서 나는 뭐가 된 걸까? 퇴근하는 직장인들 틈에 섞여 있으니 문득 그런 생각이 들었다. 월급으로 보나 안정성으로 보나 마트 일은 결코 직업이라고 할 수 없었다. 몇 권의 책을 내긴 했지만 작가라는 이름 역시 직업보다 상태에 가까웠다. 이 거리에 이토록 불분명하고 애매한 존재는 나 하나뿐인 것 같았다. 그때 도망치지 않았다면 모든 게 달라졌을까? 내게도 소속과 직함과 연봉이 있었다면, 그랬다면 아까 그 사원증을 보고도 조금 덜 초라해졌을까?

또다시 갈림길 앞에 놓인 기분이 들었다. 미래의 나에게 묻고 싶었다. 지금이라도 다시 회사로 돌아가야 하냐고. 하고 싶은 일과 안정적인 미래 중 어느 쪽을 선택하는 것이 현명한지 현재의 나는 도무지 알 수 없었다. 그러나 이것만은 확실했다. 지금 내 앞을 스쳐 지나가는 수많은 직장인에게도 정답을 알 수 없는 고민이 잘 떨어지지 않는 스티커처럼 끈적하게 붙어 있겠지. 탕비실에서 믹스 커피를 마시다가 아무도 모르게 내쉬었을 그들의 한숨을 상상하며 발걸음을 재촉했다. 장마를 알리는 빗줄기가 굵어지고 있었다.

4장

그 시절 내가 지키고 싶었던 것은

그냥 돈 때문에 하는 건데요?

　첫 직장을 그만두고 다시 마트에서 일하다가 계속 이렇게 지내면 안 된다는 위기감이 들어 새로운 이력서를 썼다. 반년 넘게 계속 마트 일만 한 건 아니었다. 초점 없는 눈으로 영혼 없이 일하는 사람들만 가득했던 광고대행사에서 유일하게 자기 일을 좋아했던, 그 모습이 당당하고 멋져 보였던 디자인 팀장님을 떠올리며 편집디자인을 배우고 자격증을 땄다. 나도 그렇게 살고 싶었다. 일이 주는 고통과 권태는 이제 충분히 알 것 같으니 그 반대편에 있을 보람과 성취도 느껴보고 싶었다.

　하지만 늘 그렇듯 인생은 알 수 없는 방향으로 흘러 몇 달 뒤 나는 영등포의 한 어린이 직업 체험관에서 일하게 되었다. 36개월부터 초등학교 저학년까지의 아이들이 경찰도 의사도 소방관도 되어보며 꿈을 키우는 곳이었다. 두 번의 면접과 2박 3일짜리 신입사원 연수, 두 달간의 교육을 거친 뒤 나는 방송팀 뉴스 체험팀에 배정되었다. 그곳에서 어린이들이 앵커와 기자, 카메라 감독과 기상 캐스터의 역할을 수행하도록 돕는 일을 했다.

빽빽하게 짜인 시간표에 따라 매일 열한 시간 넘게 근무했다. 휴식 시간이라고는 고작 삼십 분 남짓한 점심시간이 전부였다. 그런 식으로 일하는 게 어떻게 가능했을까? 다시 생각해봐도 이상한 일이다. 매일 아침 버스에 오르는 순간부터 커다란 돌덩이가 내려앉은 것처럼 가슴이 답답해졌다. 하지만 이번에는 도망치고 싶지 않았다. 어떻게든 버텨보려면 출근과 함께 얻을 수 있는 작지만 즉각적인 보상이 필요했다. 나를 기쁘게 만들어주는 것, 그리하여 내일도 이 지겨운 삶을 반복할 힘을 주는 것.

내가 찾은 기쁨은 초콜릿이었다. 버스에서 내리면 바로 보이는 건물 1층에는 편의점이 하나 있었는데 아침마다 그곳에 들러 초콜릿을 샀다. 지금도 무척 좋아하는 킨더 초콜릿. 길쭉한 막대 모양 초콜릿이 네 개 들어 있는 작은 묶음 하나를 사서 세 시간에 하나씩 아껴 먹다 보면 어느새 퇴근 시간이 됐다. 그런 식으로 하루의 리듬이 생기는 게 좋았다. 좋다고 믿고 싶었다.

그렇게 몇 개월이 지나는 동안 초콜릿보다 반가운 게 생겼는데, 그건 바로 그 편의점에서 일하는 아르바이트생이었다. 웃을 때 반달 모양으로 접히는 눈이 예뻐서 관심이 가기 시작했고, 누구에게나 깍듯하고 예의 바른 모습에 그 마음이 천천히 호감으로 변했고, 그러다 보니 어느새 아침을 기다리게 되었다. 매일 비슷한 시간에 똑같은 초콜릿을 사는 나를 알아주었으면 했다. 그래서 언젠가부터 아무도 먹지 않을 것 같은 레몬 맛 녹차를 함께 샀다. 한 모금 마시면 멀미가 날 것 같은 이상한 맛이었지만 그런 건 아무래도 상관없었다.

그리고 찾아온 밸런타인데이. 그날 아침 나는 매일 사던 킨더 초콜릿 대신 조금 더 비싼 초콜릿을 샀다. 계산을 마치고 그걸 도로 카운터에 내려놓으며 말했다.

"이거 그쪽 드리고 싶어서 산 거예요."

몇 달 내내 가벼운 인사만 하다가 건넨 첫마디였다. 딱히 연애가 하고 싶은 건 아니었다. 당신 덕분에 지옥 같던 아침이 즐거워졌다고, 그게 많이 고마웠다고…… 대뜸 그런 말을 할 수는 없으니 그 마음을 초콜릿에 담아 전하고 싶었다. 머릿속으로 수백 번도 넘게 상상했던 장면인데 막상 현실이 되니 꿈처럼 아득했다. 도망치듯 편의점을 빠져나와 며칠간 초콜릿도 레몬 맛 녹차도 없는 하루를 보냈다.

얼마 뒤, 우리는 삼청동의 한 카페에 마주 앉아 메뉴판을 보고 있었다. 몇 번 만나 밥을 먹긴 했지만 정말로 밥만 먹은 뒤였다. 얘가 좋긴 한 것 같은데 과연 연애를 시작할 만큼 좋은가. 누구도 말하지 않았지만 같은 마음이란 걸 느낄 수 있었다. 그날 함께 먹었던 녹차빙수는 맛있었다. 벌써 10년도 더 지난 일인데 그게 녹차빙수였다는 걸 기억하는 이유는 그걸 먹으면서 들었던 말 때문일 것이다. 가까운 친구에 대해 이야기하던 중 그는 말했다.

"……그래서 요즘 고민이 많은 것 같은데 어떻게 도와줘야 할지 모르겠어. 사실 그 친구 사정이 좀 어려워. 알고 보니까 어머니가 마트에서 일하시더라고."

그 말에는 어떤 악의도 없었다. 아니, 오히려 그건 어려운 상황에 놓인 친구를 염려하는 착하고 다정한 말이었다. 그래서 말할 수 없었다. 있잖아, 사실 우리 엄마도 마트에서 일해. 얼마 전까지 나도 마트에서 일했어. 그렇게 말했을 때 당황할 그의 표정과 상황을 무마하기 위해 덧붙일 어색한 변명 같은 걸 끝까지 모르고 싶었다. 마트에서 일하는 사람들이 모두 어렵게 사는 건 아니라는 사실쯤은 내가 제일 잘 알았다. 그러나 정말 사정이 좋지 않아 떠밀리듯 마트 일을 하게 된 사람이 적지 않다는 것도 사실이었다. 따지고 보면 평범한 노동이 다 그렇지 않을까. 일이 가지는 무게와 의미는 각자의 상황과 사정에 따라 달라지는 법이니까.

하지만 놀랐다. 마트 일이 누군가에게는 어려운 삶의 기준이자 상징이라는 걸 그 순간 너무도 분명하게 실감했기 때문이다. 나와는 다른 세계에 사는 재벌이 아니라, 아파트를 몇 채씩 가지고 있는 대단한 부자가 아니라, 아침에는 편의점에서 아르바이트를 하고 밤에는 자기소개서를 쓰는 취업 준비생에게도 이 노동이란 그런 것이구나. 드라마 속 망한 여자들이 왜 하필 마트로 가곤 했는지 그제야 확실히 이해되었다.

이런 문장은 어딘가 어색했다.

사실 그 친구 사정이 좀 어려워. 알고 보니까 어머니가 은행에서 일하시더라고.
사실 그 친구 사정이 좀 어려워. 알고 보니까 어머니가 학교에서 일하시더라고.
사실 그 친구 사정이 좀 어려워. 알고 보니까 어머니가 세무사 사무실에서 일하시더라고.

그러나 이런 문장은 익숙했다.

사실 그 친구 사정이 좀 어려워. 알고 보니까 어머니가 식당에서 일하시더라고.
사실 그 친구 사정이 좀 어려워. 알고 보니까 어머니가 주유소에서 일하시더라고.
사실 그 친구 사정이 좀 어려워. 알고 보니까 어머니가 공장에서 일하시더라고.

은행과 식당의 차이는 무엇일까. 학교와 주유소의 차이는 무엇일까. 그 차이를 만드는 게 단순히 돈만의 문제는 아닐 것이다. 그렇다면 노력일까? 모두가 사랑해 마지않는 노력. 치열한 경쟁 끝에 보상처럼 주어지는 직업과 약간의 각오만 있다면 누구나 할 수 있는 일. 이쪽과 저쪽의 경계는 거기서부터 시작되는 걸까? 은행에서 일하고 싶은 사람보다 식당에서 일하고 싶은 사람이 더 많은 세계를 상상해보았다. 하지만 어쩐지 그 세계에서도 이 분류는 뒤집히지 않을 것 같았다. 나는 그날 내가 받은 게 가벼운 충격이라고 생각했다. 슬픈 일도 속상한 일도 아닌 그냥 조금 놀라운 일. 그러나 상처였다. 그 순간 내가 마음을 다쳤었다는 사실을 깨닫기까지 아주 오랜 시간이 걸렸다.

늘 이상하다고 생각했다. 마트 일이 힘들 때도 많았지만 따지고 보면 그 정도 고생은 어디서 무슨 일을 하든 감수해야 하는 몫이었다. 최저시급만 겨우 받으면서 더 어렵고 더 힘든 일을 한 적도 있었는데. 진상 손님을 상대하는 것보다 치사한 일도 숱하게 겪었는데. 그런데 나는 왜 마트에서 일할 때의 내가 제일 안쓰러울까. 다른 곳에서는 느끼지 못했던 자기 연민을 여기서는 왜 거의 매 순간 느끼는 걸까. 스스로를 가엾게 여기는 인간은 할 말이 많아서 나는 오직 마트 일을 할 때만 수첩을 가지고 다니며 빼곡하게 일지를 썼다.

서른 살 여름부터 서른한 살 봄까지 집 근처 대형마트의 농산물 코너에서 파인애플 담당으로 일했다. 회칼처럼 커다란 칼을 들고 파인애플을 구매하는 손님들에게 즉석 손질 서비스를 제공하는 일이었다. 그 시절에는 업무 일지를 거의 쓰지 못했다. 두꺼운 장갑을 두 겹씩 끼고 하루에도 백 통이 넘는 파인애플을 잘라야 했기 때문이다. 점심시간과 쉬는 시간에만 잠깐씩 짬을 내서 스마트폰에 짧은 메모를 남기곤 했는데 그중 몇 개를 여기 옮겨본다.

2020년 8월 7일 오후 1:03
키위 언니랑 수박 언니한테 내가 작가라는 걸 들켰다. 아닌가, 내 입으로 말했으니 들켰다고 할 수는 없다. 책도 쓰고 가끔 글쓰기 수업도 한다고 했더니 언니들이 이제야 안심이라는 듯 말했다. "그래, 그럴 줄 알았어! 이건 잠깐만 하는 거지? 젊은 아가씨가 왜 여기 있나 했어!" 그 말을 듣는데 작년에 근무했던 매장에서 모르는 언니에게 혼났던 기억이 났다. 잘 알지도 못하는 내게 다가와 대뜸 호통을 치며 했던 말. "니가 와 여기 있노! 아지매들이나 하는 일이 뭐가 좋다고!"

2020년 12월 19일 오후 6:18
쉬는 시간이 끝나고부터 손님이 몰리기 시작하더니 저녁 피크 타임이 되니까 대기가 생겼다. 잘라도 잘라도 새로운 파인애플이 계속 쌓였다. 정신없이 쳐내고 있는데 한 손님이 다가와 테이블 위로 파인애플을 던졌다. 내가 자른 파인애플이었다. 어쩌라는 건지 모르겠어서 무슨 일이냐고 물었더니 손끝으로 툭툭 파인애플을 쳤다. 아무 말 없이 그러기만 했다. 나중에 알고 보니 가시가 하나 남아 있다는 뜻이었다. 여기서는 원래 껍질만 벗겨 드려요. 아까 설명 드렸는데 못 들으셨어요? 그렇게 말하고 싶은 걸 꾹 참고 포장을 벗겨 파인애플을 꺼냈다. 마스크 덕분에 표정을 숨길 수 있어 다행이라고 생각하면서.

2021년 1월 1일 오후 1:27
새해 첫날부터 화려한 진상 퍼레이드가 펼쳐졌다. 오전 근무 내내 몇 번이나 현타가 왔다. 여기서 일하면서 느끼는 건 자격지심과 피해의식밖에 없는 것 같다. 사람들이 나를 너무 막 대한다는 생각이 든다. 아홉 시간 내내 그런 생각만 한다.

그곳에서 일하며 내 영혼은 매일 조금씩 쪼그라들었다. 어떤 날에는 마음속 저 깊은 곳에서부터 뜨거운 분노가 치밀었고, 어떤 날에는 온몸의 피가 차갑게 식는 것 같은 환멸을 느꼈다. 아홉 달 넘게 온탕과 냉탕을 오가는 동안 내 안의 무언가는 영영 사라져버렸다. 일과 사람에 대한 어떤 신뢰 같은 것. 직업에는 귀천이 없다는 오래된 가르침을 믿었던 마음.

그전까지 나는 가공식품 코너에서 커피나 음료, 주류의 판매를 담당하곤 했다. 매장마다 조금씩 차이는 있지만 그건 주로 아가씨, 혹은 젊은 아기 엄마들의 자리였다. 비교적 편하고 깔끔한 일. 노동력 그 자체보다 젊은 여성이 주는 이미지가 더 중요한 일. 하지만 농산물 코너는 달랐다. 그곳은 아무도 의심하지 않는 아줌마들의 자리였다. 무수히 많은 파인애플을 자르며 그 경계를 넘었을 때 나를 대하는 사람들의 태도가 어떻게 달라지는지를 배웠다. 내가 가장 놀랐던 점은 문장으로 말하지 않는 사람이 놀랍도록 많다는 것이었다. "마늘 어디 있어요?" 이 한마디가 너무 길어서 사람들은 그냥 이렇게 툭 내뱉곤 했다. "마늘."

하나하나 말하면 한없이 작고 사소한, 그러나 모아놓으면 큰 타격이 되는 일들을 겪으며 나는 점점 무력해졌다. 이 모든 것에 이미 익숙해진 언니들을 지켜보는 일 역시 나를 작아지게 했다. 이런 일을 하니까 이런 취급을 받는 거야. 그러지 않으려고 노력했지만 결국에는 내가 나의 일을 제일 무시하게 되었다. "당신이 왜 여기서 이런 일을 해!"

그럴 때마다 엄마와 함께 봤던 드라마의 대사가 머릿속에서 되풀이됐다.

은행과 식당의 차이는 무엇일까. 학교와 주유소의 차이는 무엇일까. 나는 이제 그 질문에 확실히 대답할 수 있다. 많은 차이점이 있겠지만 그중 가장 크고 중요한 건 그곳에서 일하는 사람들에 대한 태도와 시선이라고. 은행에도 학교에도 진상은 존재하지만 그곳의 무례함이 이곳의 무례함과 같다고 말할 수는 없을 것이다. 여기에서 마주치는 무례함의 기저에는 상대를 무시하는 마음이 깔려 있다. '이런 일이나 하는 주제에 감히 네가?' 아무리 꼭꼭 숨겨도 예상치 못한 순간 아주 작은 틈을 통해 툭 삐져나오는 그 마음을 나는 귀신같이 포착하곤 했다.

이런 이야기를 불편해하는 사람을 아주 많이 보았다. 이렇게 생각하는 나를 문제 삼는 사람 역시 자주 만났다. 그들은 마치 짠 것처럼 똑같이 말했다. 그건 내 자격지심일 뿐이라고. 모든 노동은 가치 있고 신성하니 자긍심을 가지라고. 정말? 정말로 이 모든 게 내가 마음먹기에 달린 거라고? 그게 그렇게 간단한 문제라고 믿을 수 있는 그들의 세계가 어떤 날에는 진심으로 부러워지기도 했다.

나는 마트에서 버는 돈으로 생계를 유지하며 글을 쓰고 책을 낸다. 마트 일은 기본적인 생활 정도만 가능하게 하는 월급을 주지만 글쓰기는 그조차 약속하지 않는다. 그럼에도 작가로 존재할 때 무시당한다는 기분을 느낀 적은 거의 없다. 작가인 나는 내 직업을 아끼고 사랑한다. 그토록 바라던 보람과 성취가 이 일에는 있고, 그것들은 나의 자긍심이 된다. 그렇게 마음먹기 위해 굳이 노력하지 않아도.

자신의 직업을 긍정하기 위한 노력과 변화를 오직 개인의 몫으로 돌린다면 세상에는 아무리 애써도 긍정할 수 없는 일이 더 많아질 것이다. 그런 세상은 결국 모두의 삶을 조금씩 불만족스럽게 만들 수밖에 없다. 이 모든 이야기를 처음부터 끝까지 차근차근 설명할 자신이 없어서 누군가 왜 마트에서 일하냐고 물으면 이렇게 대답하곤 한다. 모든 맥락을 생략하고 수없이 연습한 쿨한 태도로.

"그냥 돈 때문에 하는 건데요?"

10년이 지났어도 여전히 그게 전부다.

좋다가도 밉고, 밉다가도 좋은

보증금 오백만 원짜리 월세 계약서에 사인하면서 그게 무슨 신체 포기 각서라도 되는 것처럼 손을 벌벌 떨었던 게 엊그제 같은데 정신을 차려보니 어느새 자취 5년차다. '손수 밥을 지어 먹으면서 생활함'이라는 자취의 사전적 의미처럼 1인분의 살림은 철저하게 밥을 중심으로 돌아간다. 먹고, 치우고, 먹고, 치우고. 생활비를 조금이라도 아껴보려고 도시락까지 싸들고 다니면서 열심히 집밥을 해 먹는 동안 요리 실력도 제법 늘었다. 이제 웬만한 건 레시피 없이도 척척 해낼 수 있다. 하지만 딱 하나, 아무리 시도해도 늘 실패하는 메뉴가 있다. 바로 된장찌개다.

된장찌개만큼 쉽고 된장찌개만큼 어려운 음식이 또 있을까? 엄마가 준 된장에 엄마가 넣는 재료들을 그대로 넣고 끓이는데 맛은 왜 이렇게 다른지. 내 요리 인생 최고의 미스터리는 언제까지나 이 문제일 것이다. 그래서 본가에 가면 된장찌개를 자주 먹는다. 손 가는 대로 휙휙 버무린 상추 겉절이에 된장찌개 한 국자 떠 넣고 밥과 함께 비벼 먹으면 입안에서 작은 폭죽이 터진다. 이 요리의 주인공은 된장찌개지만 포인트는 보리밥이다. 부드러운 쌀밥보다 탱글탱글한 보리밥이 전체적인 맛을 한층 더 조화롭게 한다.

충청북도 옥천군의 한적한 시골 마을에서 자란 엄마는 보리밥을 먹을 때면 꼭 옛날이야기를 한다.

"나 어릴 때는 쌀이 귀했잖아. 가마솥에 보리밥 하면서 쌀은 요만큼 넣고 그 부분만 살살 떠서 아버지 주는데 그게 그렇게 부러운 거야. 그때 보리밥을 하도 먹어서 너희 큰외삼촌은 지금도 보리밥 싫어해."

"근데 엄마랑 이모는 좋아하잖아. 그렇게 먹었는데 안 질려?"

"그러게 말이야. 나는 왜 이게 아직도 맛있지?"

질리도록 보리밥을 먹어본 적은 없지만 그 마음을 조금은 알 것 같다. 지겨울 만큼 오래 붙어 있었음에도 끝끝내 지겨워지지 않는 것. 나에게도 그런 게 있기 때문이다.

평소와 같이 근무 중이던 어느 날, 중학생 정도 되어 보이는 아들과 함께 장을 보러 온 손님이 내 앞을 지나가며 이렇게 인사했다.

"안녕! 수고해!"

뭐지? 나한테 하는 말인가? 얼떨결에 같이 인사하고 뒤를 돌아봤지만 아무도 없었다. 그리고 잠시 후, 맞은편 라면 코너에서 비빔면 언니와 이야기하는 모습을 보고서야 그 손님이 누구인지 알았다. 2층 생활용품팀에서 근무하는 세제 언니구나! 긴 머리 질끈 묶고 유니폼 입은 모습만 보다가 저렇게 나타나니까 꼭 다른 사람 같네. 그런 생각을 하는 사이 언니는 짜파게티 한 묶음을 카트에 싣고 농산물 코너 쪽으로 사라졌다.

"쟤는 쉬는 날에도 꼭 여기로 장 보러 오더라."

비빔면 언니가 말하자 참치캔 언니가 익숙하다는 듯 대꾸했다.

"의무휴업일 빼고 거의 매일 올걸? 하여간 특이해. 일하러 오는 것도 지긋지긋한데."

"나는 쉬는 날 동네 마트도 안 가잖아. 어우, 마트 간판만 봐도 힘들어."

　언니들의 대화를 엿들으며 보리밥을 싫어하는 큰외삼촌을 떠올렸다. 마트를 지겨워하는 언니들은 아주 많다. 마트에서 일하면서 막상 직접 요리할 식재료는 온라인으로만 주문하는 언니도 있고, 휴무 전날 퇴근길에 미리 장을 보는 언니도 있다. 그런 언니들이 보기에는 나 역시 특이한 사람일 것이다. 나는 쉬는 날 마트에 가고 싶어서 일부러 장보기를 미룬다.

　마트 일을 좋아하는 건 아니지만 마트라는 공간 자체는 사랑한다. 엄마와 이모가 억지로 먹던 보리밥을 여전히 좋아하는 것처럼. 직원일 때와 다르게 손님의 자리에서 경험하는 마트는 언제나 즐겁고 설렌다. 환하게 불을 밝히고 나를 맞아주는 매장과 친절한(비록 속으로는 집에 가고 싶다는 생각뿐일지라도) 직원들, 그 사이를 누비고 다니며 무언가를 적극적으로 선택할 수 있다는 느낌(비록 착각일지라도)을 받는 시간. 그런 것들은 나를 들뜨게 하고, 잠시 동안 좋은 기분에 머무르게 한다.

　도시에서 태어나 도시에서 자란 내게 마트는 시장보다 익숙하고 정겨운 곳이다. 일일이 물어볼 필요 없이 십

원 단위까지 정확하게 적혀 있는 가격표에 안심하고, 세일 품목을 일목요연하게 정리해놓은 전단지에 편안함을 느낀다. 내게 필요한 모든 것이 준비되어 있다는 느낌. 그 느낌을 만들기 위해 그곳에서 일하는 사람들이 어떤 수고와 노력을 했을지 속속들이 알고 있지만 손님의 자리에 서서 카트를 밀고 다니는 순간에는 잠시 흐린 눈을 한다. 온전히 손님으로만 존재하고 싶어서 집에서 가장 가까운 매장에서는 일하지 않는다. 일주일에 한두 번 마트에 가는 일은 내게 아주 소중한 기쁨이기에 그 마음에 다른 감정을 섞고 싶지 않다.

낯선 지역에 가면 일부러 시간을 내서 그곳의 마트에 간다. 누군가는 마트가 다 거기서 거기 아니냐고 묻겠지만 내 눈에는 매장 하나하나가 완전히 다르다. 어떤 매대에 어떤 제품을 진열했는지, 각각의 코너는 어떻게 배치되어 있는지, 매장을 찾는 손님들에게서 느껴지는 분위기는 어떤지. 의도한 차별점과 의도하지 않은 차이점을 꼼꼼히 관찰하다 보면 나도 모르는 사이에 넓은 매장을 몇 바퀴나 돌게 된다. 만약 나에게 아주 많은 돈과 시간이 주어진다면 세계 각국의 마트를 탐방하고 싶다. 여행에는 흥미가 없지만 그건 분명 즐거울 것이다.

마트를 사랑해서 자주 화가 난다. 언니들은 그러려니 넘기는 크고 작은 문제들이 지치지도 질리지도 않고 계속 속상하다. 마트는 직원일 때의 나와 손님일 때의 나를 칼같이 분리해 다르게 대하지만 나는 그러지 못해서 마트가 좋다가도 밉고 밉다가도 다시 좋아진다. 마트는 나를 '그래서' 사랑하고, 나는 마트를 '그럼에도' 사랑한다. 무언가를 그럼에도 사랑하는 일은 어쩔 수 없이 짝사랑에 가까워지는 것 같다. 손님인 내게 한없이 친절하고 다정했던 마트가 직원인 나를 조금도 존중하지 않는다는 사실을 깨달을 때마다 마음이 복잡해진다. 그리고 스스로에게 묻는다. 언젠가는 이 짝사랑을 그만둘 날이 올까?

미래의 일은 알 수 없지만 다음 휴무일에 나는 또 마트에 가겠지. 어김없이 들뜬 마음으로, 그럼에도 즐거움을 숨기지 못하고. 마트를 지긋지긋해하는 언니들은 이런 나를 이해하지 못하겠지만 세제 언니라면 알아줄 것 같다. 지금보다 홀가분하게 마트에 대한 애정을 표현하고 싶은 이 마음을. 이미 내 삶의 일부인 마트를 사랑하지 않을 자신이 없어서 계속 화내기로 한다. 화내면서 사랑하기로 한다.

당신의 아픔을 이해한다는 것

미루기의 달인인 내가 어떤 일을 미루는 이유는 대개 무언가가 없기 때문이다.

1. 시간이 없어서
2. 돈이 없어서
3. 마음이 없어서
4. 용기가 없어서
5. 마감일이 없어서

오늘은 이 다섯 가지가 모두 없어서 미루고 또 미뤘던

일을 해냈다. 그건 바로 치과 예약. 시간도 돈도 마음도 마감일도 없었지만 무엇보다 용기가 없어서 계속 미루던 일이었다. 그런데 어젯밤, 양치를 하다가 문득 여기서 더 미루면 어마어마한 돈과 고통을 지각비로 지불해야 할지도 모른다는 생각이 들었다. 차가운 물로 입을 헹구고 거울을 보며 결심했다.

좋아, 내일 아침에는 세상이 무너져도 꼭 치과에 전화하는 거야!

세상은 무너지지 않았고 아침은 지겨울 만큼 성실하게 찾아왔다. 마음속으로 엉엉엉 슬픔의 노래를 부르며 치과 전화번호를 검색했다. 내심 전화가 연결되지 않기를 바랐지만 어림없지, 연결음이 세 번 울리기도 전에 친절한 목소리가 들려왔다.

"감사합니다. ○○치과입니다."
"안녕하세요. 예약 좀 하려고 하는데요……."
"네, 예약 도와드리겠습니다. 원하시는 날짜가 있을까요?"

"음…… 다음 주 화요일이요."

"잠시만요, 다음 주 화요일이면 ○○○ 선생님 진료 가능한데 예약해드릴까요?"

6개월 전에 방문했을 때까지만 해도 원장 선생님 혼자 진료를 보았는데 그 사이 환자가 많이 늘었는지 새로운 의사를 고용한 모양이었다. 6개월 사이 달라진 건 그뿐만이 아니었다. 진료 시간을 단축하기 위해서인지 전화 문진이 전보다 훨씬 꼼꼼해졌다.

"불편하신 부위가 어디일까요?"

"위쪽 앞니요. 제 기준에서 오른쪽이에요."

"네, 위쪽 앞니요. 구체적으로 어떻게 불편하세요?"

"정확히 말하면 이가 아니고 잇몸인데요. 한 3주 전부터 양치할 때 이상한 느낌이 들어요."

"혹시 아프거나 찌릿한 느낌인가요?"

"아뇨, 그런 건 아닌데……."

"시리거나 피가 나지는 않으시고요?"

"네, 살짝 붓기는 했는데 피는 안 나요. 이걸 어떻게 설명해야 할지 모르겠는데 양치하고 물로 헹굴 때 뭔가 이상한 느낌이 들어요."

"네에…… 이상한 느낌이요……."

"제가 전에 잇몸치료를 받았거든요. 그때랑 비슷한 느낌이에요. 아, 뭔가 잘못됐다…… 이건 아니다…… 하는 그런…….."

여기까지 말하고 나도 모르게 픽 웃고 말았다. 저쪽에서도 애써 웃음을 참는 소리가 들렸다.

"네, 그럼 잇몸이 불편하다고 기록해둘게요. 다음 주 화요일에 뵙겠습니다."

"네, 감사합니다."

전화를 끊고 스마트폰 캘린더에 새 일정을 등록하며 생각했다. 건강한 잇몸을 가진 사람은 아무리 설명해도 이 느낌을 모르겠지. 부러워라……. 아픈 것도 시린 것도 아닌 이 이상한 느낌은 직접 겪어보지 않으면 절대 알 수 없다.

누군가의 아픔을 이해하는 건 가능한 일일까? 글쎄, 나는 타인을 이해하는 일이 거의 불가능에 가깝다고 생각한다. 다만 그를 이해해보려고 노력하는 과정을 통해 이해 비슷한 무언가에 겨우 도달할 수 있을 뿐. 하지만 그럼에도 종종 내가 누군가를 이해하고 있다는 착각에 빠지기도 하고, 누군가 나를 이해해주었으면 하는 바람을 가지기도 한다.

비슷한 일을 하는 엄마와 나는 일터에서 겪는 여러 고

충에 대해 자주 이야기한다. 아니, 이건 너무 가식적인 표현이고…… 틈만 나면 진상 손님과 뺀질이 같은 상사를 씹고 뜯는다는 말이 우리의 모습에 더 어울릴 것 같다. 우리 사이에는 둘만 아는 암호 같은 코드 네임이 몇 개 있다. 코드 네임은 매장에 자주 오는 단골들 중 특별히 진상이거나 인품이 좋은 손님에게 부여되는 암호. 경우에 따라 딱 한 번 왔지만 강렬한 인상을 남긴 손님에게도 코드 네임을 붙여주는데, 그러려면 스케일이 꽤 큰 사건을 일으켜야 한다.

하루도 빠짐없이 나타나 자잘한 안줏거리와 한라산 소주를 사가(면서 욕을 하)는 한라산 할아버지, 늘 밝게 웃으며 먼저 인사를 건네는 웰시코기 아줌마(하루에 두 번씩 귀엽고 뚱뚱한 웰시코기를 데리고 동네를 산책한다), 힘든 일은 무조건 직원들에게 떠넘기는 땡돌이 부점장(퇴근 시간 5분 전부터 시계만 바라본다). 이름도 얼굴도 모르지만 나는 엄마가 매장에서 자주 만나는 그들의 옷차림과 머리 모양, 목소리까지 상상할 수 있다.

그리고 그건 아마 엄마도 마찬가지일 것이다. 원하는 만큼 증정품을 받지 못하면 막무가내로 성질을 부리는 더줘 아저씨(만날 때마다 뒤통수를 세게 후려치고 싶다), 시음용 커피를 마시면 꼭 사탕이나 과자를 선물로 주고 가는 산타 할머니(저는 계피 사탕을 싫어하지만 그래도 감사해요……), 올 때마다 하프 마라톤의 좋은 점을 열정적으로 전파하는 마라톤 아줌마. 내가 매장에서 만나는 사람들을 상상하는 일이 엄마에게도 그리 어렵지 않겠지.

엄마는 작가로서의 내가 느끼는 기쁨과 슬픔을 알지 못하지만 마트 직원으로서의 내가 느끼는 기쁨과 슬픔은 그 누구보다 정확히 안다. 엄마 역시 손님들을 상대하며 비슷한 마음을 수없이 느꼈을 테니까. 나는 중년에서 노년으로 넘어가는 길목에 있는 60대 여성으로서의 엄마를 모르지만 마트 직원으로서의 엄마는 잘 안다고 말할 수 있다. 60대의 삶을 살아본 적은 없어도 마트 직원으로서의 삶은 지겨울 만큼 살아봤으니까. 이 정도면 우리가 서로를 이해한다고 착각해도 괜찮지 않을까? 그게 비록 반쪽짜리 이해일지라도.

사실 코드 네임이 있는 손님은 화는 나지만 어느 정도 참아줄 수 있는 사람들이다. 우리 마음에 상처를 입히는 진짜 진상에게는 굳이 코드 네임을 붙이지 않는다. 그들의 일화를 이야기하면서까지 그 순간을 다시 떠올리고 싶지 않기 때문이다. 하루는 이런 일이 있었다. 고기를 구입한 손님이 엄마가 근무하는 계산대에서 계산을 했다. 결제를 마친 손님은 그 자리에서 구입한 고기의 포장을 벗기기 시작했다. 그리고 아이스크림 코너에서 뜯어 온 비닐봉지에 고기를 옮겨 담았다. 스티로폼 용기 바닥에 깔려 있던 핏물을 머금은 패드가 계산대 위로 툭 떨어졌다. 차례를 기다리던 다음 손님도, 엄마도 당황했다.

"저기, 고객님……. 그거 여기서 하시면 안 돼요."

엄마가 말하자 그 손님은 갑자기 우산을 휘두르며 마구 욕을 했다. 벌써 몇 년이 지났지만 그 이야기를 하던 엄마의 얼굴이 아직도 생생하게 기억난다. "뭐 그런 또라이 같은 인간이 다 있어?" 한바탕 욕을 해줬지만 그 일은 내게도 상처가 됐다. 그 사건 이후 매장에서 만난 진짜 진상에 대해서는 엄마에게 말하지 않게 됐다. 내가 받은 상처가 엄마에게도 똑같은, 아니 어쩌면 더 큰 상처가 될지도 모른다는 사실을 깨달았기 때문이다. 내 아픔이 어떤 모양인지 엄마는 너무도 선명하게 그릴 수 있을 것 같아서, 그래서.

다시 치과 얘기로 돌아와서, 걱정했던 앞니는 다행히 별일 아니었다. 잇몸이 살짝 부었는데 덧니가 있어서 그 부분이 꽉 끼는 것처럼 이상한 느낌이 들었을 거라고 했다. 간단한 검진과 스케일링만 받고 치과를 나서며 안도의 한숨을 내쉬었다. 진작 올걸 괜히 혼자 겁먹고 마음 졸였네…….

일하는 사람으로 살며 필연적으로 마주할 수밖에 없는 아픔과 상처도 시간이 지나면 별일 아닌 에피소드로 기억될 수 있을까? 그렇다면 정말이지 더 바랄 게 없겠다. 그러나 아직은 이 모든 게 현재 진행형이라서 아프고 쓰린 상처에 밴드를 붙여주듯 우리는 서로를 위로하고 격려한다. 이해하고 이해받는다고 착각하면서, 그렇게 이해 비슷한 무언가에 가까워진다.

보통날의 이별

유난히 길게 느껴졌던 오전 근무가 끝나고 기다리던 점심시간이 찾아왔다. 일요일 오전은 대체로 한가한 편이지만 아무리 그래도 오늘은 좀 심했다. 손님보다 직원이 더 많은 매장에서 뭐라도 하나 팔아보겠다고 동동거리느라 진이 다 빠졌다. 귀인처럼 나타난 단골손님이 아니었다면 개시도 못 할 뻔했다. 장사란 게 원래 바쁘면 바쁜 대로 힘들고 한가하면 한가한 대로 힘든 법. 몸도 마음도 너덜너덜해진 채로 점심을 먹으러 가려는데 은경 언니가 나를 붙잡았다.

"자기야! 밥 먹으러 가? 이거 가져가서 먹어."

언니가 건넨 비닐봉지를 받아든 나는 그 자리에서 빵 터지고 말았다. 봉지 안에 들어 있는 건 삶은 달걀 두 개였다. 달걀 껍데기에는 까만 매직으로 각각 이름이 쓰여 있었다. 은경, 미선. 달걀들이 이름을 가지게 된 사연은 이랬다.

은경 언니와 미선 언니, 그리고 나는 서로 다른 커피 업체의 행사 직원이다. 진열과 발주를 하는 고정 직원들은 따로 있고 우리는 매장에 상주하며 시음과 판매를 담당한다. 매출을 직접 관리하는 고정 언니들 사이에서는 이따금 미묘한 신경전이 벌어지기도 하지만 우리 셋은 한 발짝 물러나 평화롭게 지낸다. 아홉 시간 내내 얼굴을 보는 사람들과 불편한 관계가 되는 건 누구에게도 이로운 일이 아니기 때문이다.

우리는 요즘 점심으로 삶은 달걀을 먹는다. 최대한 빨리 식사를 해결하고 휴게실에 조금이라도 더 누워 있고 싶은 내가 달걀을 싸오는 걸 보고 언니들도 따라하기 시작했다. 편의점 달걀은 맛있는데 내가 삶으면 이상하게 맛이 없다고 하자 언니들은 달걀 삶는 비법을 전수해주었다. 은경 언니의 비법은 '물이 끓으면 달걀을 넣고 7분 30초'였고, 미선 언니의 비법은 '찬물에 달걀을 넣고 물이 끓기 시작하면 6분'이었다. 끓는 물이냐 찬물이냐. 그걸 두고 한참을 실랑

이하던 언니들이 각자의 방법대로 달걀을 삶아 이름까지 써서 건네준 게 귀엽고 웃겼다. 사실 그런 건 다 핑계고 막내인 나를 챙겨주기 위해서였겠지만.

"먹어보고 뭐가 더 맛있는지 알려줘!"

손을 흔드는 언니들과 교대하고 점심을 먹으러 갔다. 미선 언니에게는 미안하지만 은경 언니의 달걀이 더 촉촉하고 맛있었다. 나중에 몰래 얘기했더니 언니는 "거 봐, 내가 끓는 물이라고 했지!"라며 좋아했다. 그리고 그 뒤로도 종종 달걀을 가져다주었다.

그날도 휴게실 앞 테이블에 앉아 달걀을 먹고 있었다. 한쪽에서는 이미 식사를 마친 언니들이 자판기 커피를 마시며 수다를 떠는 중이었다. 그때 누군가 급하게 달려와 명희 언니를 찾았다. 명희 언니가 누구지? 머릿속에 떠오르는 수많은 얼굴과 색색의 유니폼 중 명희 언니의 것이 무엇인지 잠시 고민했다.

"뭐야, 명희 언니 목소리 들린 것 같았는데 여기 없어? 식권 빌린 거 갚아야 되는데."

"없어, 없어. 그 언니 행사 빠졌잖아. 한 2주 됐는데 못 들었어?"

"어머, 진짜? 명희 언니 잘렸어?"

화제는 순식간에 명희 언니로 전환됐다. 언니들의 이야기를 조금 더 엿듣고 나서야 명희 언니가 누군지 생각났다. 조용하지만 늘 웃는 얼굴로 인사를 받아주던 치즈 언니였다. 구워 먹는 치즈를 신기하게 바라보자 시식용으로 굽고 있던 걸 몰래 챙겨주기도 했었는데…….

"장사가 안 되니까 피바람이 부네. 우리도 이번에 일수 줄었잖아."

"여기 다 그럴걸? 나도 어제 안 나왔어. 다음 주도 세 번만 출근해."

행사 직원들은 업체에서 정해준 '일수'에 맞춰 출근하고 급여를 받는다. 장기 행사의 경우 처음 계약할 때 한 달에 몇 번 출근하는지 설명을 듣는다. 일하는 입장에서 일수는 아주 중요하다. 그걸 확실히 알아야 이 일을 통해 매달 어느 정도의 수입이 들어올지 예측할 수 있기 때문이다. 하지만 계약서를 썼다고 해서 일수가 보장되는 건 아니다. 행사 직원은 그야말로 파리 목숨이라서 마트와 업체의 사정에 따라 일수가 고무줄처럼 줄어들기도, 늘어나기도 한다. 매출이 줄어 명희 언니처럼 해고 통보를 받는 일도 흔하다. 오죽하면 이런 말도 있다. 마트에서는 쓰레기통 하나 빼는 것보다 행사 직원 하나 빼는 게 더 쉽다고.

"우리 조카가 미국에서 일하는데 거기도 그렇대. 아무 말 없다가 당일 아침에 해고 통보를 한다는 거야. 박스 하나 달랑 주고 짐 싸서 나가라고 하면 끝이래. 저번에 보니까 애가 얼마나 스트레스를 받았는지 얼굴이 반쪽이 됐더라고."

"똑같네, 똑같아. 그럼 여기도 미국식인 거네?"

"이 언니가 뭐라는 거야. 언니! 거기는 돈이라도 많이 주잖아!"

커피를 다 마신 언니들은 금세 다시 깔깔대며 매장으로 돌아갔다. "많이 팔아!" "응, 언니도!" 아무도 많이 팔지 못할 걸 알면서도 헤어질 때는 늘 이렇게 말한다. 어쩌면 그 인사에는 서로의 자리가 오래 지켜졌으면 하는 소망이 담겨 있는 게 아닐까. 달걀 세 개를 다 먹고도 휴게실로 들어가지 못하고 한참을 그대로 앉아 있었다. 이번 달에는 나도 일수가 줄었다. 다음 달은 어떻게 될지 아직 알 수 없다. 이 매장에 있는 세 개의 커피 업체 중 내가 맡은 곳은 늘 매출이 가장 적다.

그러나 당황스럽게도 해고 통보를 받은 건 은경 언니

였다. 그동안 한 번도 일수가 줄어든 적 없었기에 언니도 우리도 모두 놀랐다. 업체에서는 인건비 절감을 위해 행사 직원을 정리한다고 했다. 다음 주부터는 고정 직원 한 명이 행사 업무까지 맡게 될 거라는 공지가 내려왔다. 은경 언니가 이 소식을 들은 건 이번 주 수요일이었다.

이런 일은 이곳에서 조금도 특별하지 않다. 너무 흔해서 자판기 커피 한 잔을 마시는 동안 사람들의 입에 오르내리다가 곧 잊힌다. 언니들은 결코 분노하거나 싸우지 않는다. 그래봤자 아무것도 달라지지 않는다는 걸 이미 너무 많이 보고 들었기 때문일 것이다. 운이 좋은 언니들은 소개를 통해 곧바로 새로운 유니폼을 입고, 조건이 맞는 언니들은 실업급여를 받으며 몇 개월 쉰다. 하지만 운도 좋지 않고 조건도 맞지 않는다면? 그런 언니들이 어디로 갔는지 나는 알지 못한다. 돌아오지 못한 사람들의 이야기는 전해지지 않으니까.

은경 언니가 마지막으로 출근했던 날이 어땠더라. 구체적인 기억이 나지 않는 걸 보니 평소와 똑같은 하루를 보냈던 것 같다. 하지만 한 시간 일찍 시음대를 정리하고 퇴근하던 언니의 모습만큼은 똑똑히 기억난다. 무슨 말을 해야 할지 몰라 어색한 어리광을 부리며 언니에게 안겼다. 안

기려고 했던 건데 언니보다 내가 더 커서 엉거주춤 웃긴 자세가 되었다. 언니는 내 엉덩이를 토닥이며 말했다.

"아이구, 아가씨 엉덩이가 이렇게 납작해서 어떡해! 잘 지내. 운동도 하고, 계란만 먹지 말고 밥도 잘 챙겨 먹고!"

일부러 더 씩씩하게 걸어가는 언니의 뒷모습을 바라보며 세상은 여전히 내가 이해할 수 없는 방식으로 돌아간다는 생각을 했던 것 같다. 특별할 것 없는 보통 날이었다.

어떤 비밀

 설 연휴를 앞두고 옆 동네 마트에서 전통차 선물세트를 팔게 되었다. 설탕에 절인 유자차와 생강차를 메인으로 두고 가루 형태의 쌍화차, 대추차, 율무차, 핫초코 등을 조금씩 다르게 조합해 만든 몇 가지 세트였다. 딱 봐도 인기 없게 생긴 제품이라서(도대체 누가 설 선물로 이런 걸 받고 기뻐한단 말인가……!) 주변의 견제가 아닌 응원과 걱정을 받으며 근무를 시작했다. 중간에 딱 하루 휴무를 끼고 16일을 연달아 출근하는 제법 긴 일정이었다.

 행사 초반의 긴장감이 사라지고 일도 사람들도 슬슬 지겨워지기 시작할 무렵이었다. 이제 중요한 건 매출도 인센티브도 아닌 오직 남은 근무일을 헤아려보는 것뿐. 점심을 먹으러 올라간 2층 휴게실에서 컵라면이 익기를 기다리며 스마트폰 캘린더만 들여다보고 있는데 누군가 다가와 테이블 위에 군고구마 하나를 툭 내려놓았다.

"겨우 그거 가지고 밥이 돼? 그 나이 땐 먹고 돌아서면 배고플 텐데."

그렇게 말하는 언니의 유니폼에는 어제도 사 먹었던 과자 회사의 로고가 찍혀 있었다. 과자 코너는 우리 매대 바로 옆이라 오면가면 자주 마주친 얼굴이었다.

"감사합니다. 근데 언니도 밥 대신 고구마 드신 거 아니에요?"

"어유, 무슨 소리야! 밥은 아까 먹었고 이건 디저트. 난 밥 안 먹으면 일 못 해."

그렇게 시작된 대화는 자연스럽게 호구 조사로 이어졌다. 젊은 아가씨가 일을 어쩜 이렇게 야무지게 잘해. 몇 살이야? 우리 딸이랑 동갑이네! 어려서부터 여기 살았어? 고등학교 어디 나왔어? 어머, 우리 딸도 거기 다녔는데! 혹시 김다윤이라고 알아?

그 이름을 듣는 순간 후루룩 빨아들이던 면을 도로 뱉을 뻔했다. 아무리 세상이 좁다지만 고등학교 시절 같은 반 친구 어머니를 여기서 이렇게 만날 줄이야. 당황한 나는 괜히 호들갑을 떨며 이렇게 말해버렸다.

"다윤이 잘 알죠! 1학년 때 저희 반이었어요. 영어 학원도 같이 다녔는데!"

그리고 그 말을 뱉자마자 후회했다. 까맣게 잊고 살던, 이제는 서로 연락처조차 알지 못하는 옛 친구에게 내 소식이 전해질 것을 깨달았기 때문이다.

"어머, 그랬구나! 우리 다윤이는 병원에서 일해. 학교 다시 가서 물리치료사 됐어."

그 뒤로 무슨 이야기를 더 나눴는지는 기억나지 않는다. 내가 기억하는 건 그때 했던 이야기가 아니라 하고 싶었던 이야기다. 저도 작가 됐어요. 지금은 마트에서 일하고 있지만 출판사랑 책도 내고 가끔 도서관이나 서점에서 강연도 해요. 유치하지만 변명하고 싶었다. 이런 곳에서 컵라면으로 끼니를 때우는 지금 이 모습이 내 전부는 아니라고. 나에게도 더 근사하고 그럴싸한 삶이 있다고. 하지만 알고 있었다. 이 모습이 내 전부는 아니지만 이 모습 역시 나라는 걸. 그런 이름은 들어본 적 없다고 능청스럽게 거짓말을 하지도, 지금 모습 그대로 당당하지도 못한 내가 싫었다.

그 뒤로 나는 과자 언니…… 아니, 다윤 어머니의 살가운 보살핌을 받았다. 그러면서 조금 더 많은 걸 알게 되었다. 언니는 10년 넘게 이 매장에서 일했다. 원래 농산물팀에 있었는데 그쪽 일이 갈수록 힘에 부쳐서 몇 해 전 가공식품팀으로 넘어왔다고 했다. 그런데 이상했다. 10년 전이면 내가 다윤과 같은 반이었을 때잖아. 하지만 그때 분명히…….

"오늘 늦잠 자서 완전 늦을 뻔했는데 엄마가 사무실 가면서 태워줬어!"

다윤은 엄마 이야기를 자주 했다. 다윤이 이야기하는 엄마는 유능한 사무직 직장인이었다. 좋은 회사에 다니는 멋진 엄마를 자랑하고 싶구나. 그런 모습이 가끔 아니꼽게 느껴질 때도 있었지만 나 같아도 자랑하고 싶을 거였다. "우리 엄마는 주부야." "우리 엄마는 물티슈 공장에서 아르바이트 하셔." "우리 엄마는 어린이집 선생님이야." 친구들이 이야기할 때도 다윤은 엄마가 회사에 다닌다고만 했다.

"우리 엄마는 마트에서 일해."

내가 이렇게 말했을 때도 마찬가지였다.

다윤이 그토록 자랑스럽게 이야기하던 엄마의 회사

가 마트였다는 사실을 알게 되자 기분이 이상했다. 하지만 배신감이 들지는 않았다. 너무 오랜 시간이 지나서였을까? 아니면 이제 더는 우리가 친구라는 말로 연결되어 있지 않아서? 아니, 나는 다운의 마음을 이해할 수 있었다. 그것도 충분히, 아주 잘.

오랜만에 연락한 친척이나 친구들이 내 안부를 물으면 엄마는 늘 이렇게 대답한다. "그냥 뭐, 글도 쓰고 책도 내고 그러지." 엄마는 내가 작가로 사는 걸 누구보다 염려하고 탐탁지 않게 여기는데. 그럼에도 누군가에게 딸의 직업을 이야기할 때는 언제나 작가라는 말이 먼저 나온다. 그건 아마 나를 위해서겠지만 오직 그뿐만은 아닐 것이다.

아파트 경비원 아버지를 친구들에게 자랑스럽게 소개하는 착한 딸. 건물 청소 노동자 어머니를 돕는 속 깊은 아들. 잊을 만하면 한 번씩 인터넷에 올라오는 비슷한 사연들을 만날 때마다 내 마음은 복잡해진다. 모두가 좋아하는 이런 이야기들이 오히려 특정 직업군에 대한 사회적 위치와 시선을 한층 더 공고히 하는 것 같다는 느낌을 지울 수 없어서다. 사연 속 주인공을 기특해하며 얕은 감동에 젖는 일은 쉽다. 누구든지 할 수 있고 누구나 하고 싶다. 그런 이야기들이 동화처럼 포장되어 미담으로 소비되는 동안 진짜 이야기들은 소리 없이 저편으로 사라진다. 이 이야기의 감동은 어디에서 오는지. 왜 어떤 직업은 자랑이 되고 어떤 직업은 비밀이 되는지. 그걸 결정하는 기준은 무엇이며 개인의 마음가짐으로 그것을 뛰어넘을 수 있는지. 능력의 차이를 인정하되 그것이 차별이 되지 않는 세상을 만들려면 어떻게 해야 하는지. 그리고 나는 안다. 이 어렵고 지지부진한 이야기를 하고 싶은 사람은 많지 않다는 것을.

엄마의 직업을 속인 다윤이 엄마를 부끄러워했을 거라고 생각하지는 않는다. 단지 사춘기의 예민함이 그런 거짓말을 하게 했을 거라고 생각하지도 않는다. 다윤은 오히려 그 누구보다 엄마를 자랑스럽게 여기고 싶었을 것이다. 그러지 못하는 스스로를 여러 밤 동안 미워했을지도 모른다. 그건 내 직업을 숨기는 우리 엄마 역시 마찬가지일 것이다. 엄마에게는 마트 직원인 나도, 작가인 나도 똑같이 소중한 딸이겠지만 다른 사람들에게는 그렇지 않으니까. 그 간극이 만든 비밀 앞에서 마음이 자주 어려워진다.

직업에 대한 자부심은 어떻게 만들어질까? 그것은 내 안에서 시작되어 타인의 말과 눈빛과 시선을 통해 완성된다. 세상에는 혼자 빛나는 직업도, 혼자 초라해지는 직업도 없다. 다만 누군가를 빛나게 만들기도, 초라하게 만들기도 하는 사람들이 있을 뿐이다. 나 역시 그들 중 하나라는 사실을 잊지 않기 위해 애쓴다. 언젠가는 이 일을 아무렇지 않게 소개할 수 있는 날이 찾아올까? 내가, 다윤이, 우리 엄마가, 그리고 우리를 닮은 모든 이들이. 그들의 얼굴을 떠올리며 어떤 직업도 비밀이 되지 않는 세상을 기다린다.

그런 행운이 찾아오지 않는다고 해도

 30대가 된 지도 한참인데 아직도 스트레스를 받거나 피곤할 때면 학교 꿈을 꾼다. 주목받기 싫어하는 조용한 성격과 무엇 하나 대단히 뛰어난 것도, 특별한 것도 없는 평범함은 나를 제도 안에 얌전히 머물러 있는 모범생처럼 보이게 했지만 속으로는 늘 학교를 벗어나고 싶었다. 내가 정말 싫어하는 건 공부가 아니라 단체 생활이라는 걸 그 시절에도 이미 알고 있었던 것 같다. 나만 열심히 하면 되는 공부와 다르게(그렇다고 해서 공부를 아주 열심히 하지도 않았지만……) 친구들과의 관계에는 너무 많은 변수가 있었다. 조금만 삐끗하면 무리에서 방출될지도 모른다는 불안감과

주류에서 벗어나면 안 된다는 압박감. 때로는 성적에 대한 스트레스보다 그런 것들이 더 크게 느껴지곤 했다.

새 학년이 시작되는 봄에는 학교에 가는 게 더 싫었다. 아직 서로에 대한 탐색을 끝내지 못한 교실에는 묘한 긴장감이 감돌았다. 어서 빨리 이 시간이 지나가기만을 바라는 내 속도 모르고 세월아 네월아 느리게 흘러가는 3월. 그럼에도 끝끝내 부정하지 못한 즐거움이 있다면 그건 바로 같은 반 친구들의 장래 희망을 알게 되는 것이었다.

매년 3월이면 선생님들은 다양한 방식으로 우리에게 꿈을 물었다. 초등학교 시절에는 내가 상상하는 미래의 내 모습을 그림으로 그려 발표했고, 중학교 시절에는 교실 뒤 게시판에 붙일 자기소개 카드에 장래 희망을 썼다. 고등학교에 올라가서는 상담 설문지에 희망 학과와 진로를 적었다. "넌 뭐라고 썼어?" "너는?" 그런 식으로 서로의 꿈을 들여다보는 게 좋았다. 교실 안에서의 우리는 지루할 만큼 비슷비슷한 모습이었지만 각자가 꿈꾸는 미래는 선명하게 달랐다. 현재의 모습보다 마음속에 품고 있는 꿈이 우리가 누구인지를 더 잘 보여주는 것 같아서, 그런 얘기를 듣다 보면 친해지고 싶은 애도 한두 명쯤 생기곤 했다.

열여덟이었던 나의 장래 희망은 미술감독이었다. "미

대를 졸업하고 영화 미술팀에 들어갈 거야!" 하지만 이건 대외적인 답변일 뿐 진짜 장래 희망은 따로 있었다. 직업이 한 개인 사람. 그건 가장 친한 친구에게조차 말하지 못한 꿈이었다.

그 무렵 아빠는 하루를 반으로 나눠 두 개의 삶을 살고 있었다. 낮에는 은평구에 있는 부동산을 운영하는 공인중개사로, 밤에는 일산에 있는 백화점의 야간 경비원으로. 공인중개사 시험에 어렵게 합격한 뒤 첫 개업 준비를 하던 아빠의 모습이 어렴풋이 떠오른다. 인테리어를 마친 사무실에 놀러 갔을 때 느꼈던 우쭐한 마음과 "이제 너희 아빠는 사업하는 사람이니까 국에 밥 말아 먹고 그러면 안 된다"라는 뜻 모를 어른들의 농담에 고개를 끄덕이며 따라 웃었던 저녁 식사 자리. 하지만 그 뒤로도 나는 온갖 국에 밥을 말아 먹었고, 아빠는 부동산을 시원하게 말아먹었다. 우리를 벅차오르게 했던 희망의 빛은 개업 축하 케이크에 꽂혀 있던 가냘픈 촛불처럼 너무 빨리 꺼져버렸다.

아빠는 부동산을 지키려고 백화점 야간 경비원이 되었다. 밤을 꼬박 새워가며 번 돈은 고스란히 부동산으로 흘러들어갔지만 부동산은 아빠에게 아무것도 돌려주지 못했다. 나는 궁금했다. 두 다리 뻗고 잘 시간도 없이 일하는데 어째서 우리는 계속 가난한지, 아빠는 왜 부동산을 놓지 못하는지, 이 모든 게 정말 내가 국에 밥을 말아 먹어서 일어난 일인지. 마트로 일하러 간 엄마 대신 저녁상을 차리면서, 그걸 제대로 먹지도 못하고 후다닥 다시 출근하는 아빠의 뒷모습을 바라보면서, 아빠와 엄마가 그렇게 번 돈으로 등록한 미술 학원에 다니면서 '나는 꼭 직업이 하나인 사람이 되어야지' 아무도 모르게 수백 번 다짐했다.

고등학교 3학년이 되자 학원비가 또 올랐다. 지금도 무리라는 걸 잘 알고 있었기에 입시반 청구서를 집에 가져갈 수 없었다. 학원비가 올랐다는 소식을 전하는 대신 엄마에게 전화를 걸어 통보하듯 말했다. "엄마, 나 학원 그만둘래. 그림 그리는 거 힘들어. 실기 안 보는 학교도 있대. 공부해서 거기 갈 거야." 전화를 끊고 학원 앞 아파트 단지 놀이터에 한참을 앉아 있었다. 아빠를 잡아먹는 아빠의 꿈도, 이런 곳에서 나를 울게 만드는 내 꿈도 전부 지긋지긋했다. "나는 장래 희망 같은 거 없어. 그냥 돈 많이 주는 회사 들어가서 잘 먹고 잘 사는 게 내 꿈이야." 조금의 망설임도 없이 희망 진로에 '대기업' 세 글자를 적었던 같은 반 친구를 떠올리며 생각했다. 장래 희망이라는 게 얼마나 허황된 말인지. 더 이상 그 말에 속고 싶지 않았다.

그런데 나는 왜 작가가 됐지?

하루 종일 마트에서 뭔가를 팔다가 집에 돌아와 노트북을 켜면 마음속 깊은 곳으로부터 그런 의문이 두둥실 떠올랐다. 마트 일이 나를 먹여 살리는 동안 나는 별 소득도 없는 글쓰기를 먹여 살리기 위해 고군분투했다. 아빠가 그 힘든 길을 걷는 모습을 가장 가까이에서 지켜보고도 똑같은 선택을 한 나를 이해할 수 없어 괴로웠다. 그런 괴로움이 극에 달할 때면 '진짜' 직업을 가지기 위한 이력서를 썼다. 그러나 그렇게 얻은 일자리들이 내게 준 건 또 다른 괴로움이었다. 다른 사람들은 이것보다 훨씬 힘든 일을 하면서 더 훌륭한 글도 쓰는데, 나는 왜 이 정도 일을 하면서 이 정도 글도 못 쓸까. 그렇다면 그냥 안 쓰면 되는데 왜 그러지도 못할까. 외면하고 싶었지만 결국 인정할 수밖에 없었다. 내가 진짜 원하는 건 그럴싸한 직업이 아니라 적당한 안정감을 주면서 글쓰기를 지속할 수 있게 하는 일이라는 걸. 돌고 돌아 찾은 답은 다시 마트였다.

글쓰기가 내게 아무것도 돌려주지 않았다는 건 사실이 아니다. 글을 쓰며 나는 지금의 내가 되었다. 소중하게 생각하는 가치, 세상을 바라보는 시선, 무엇에 웃고 무엇에 분노할지 결정하는 기준. 차곡차곡 쌓여 나라는 사람을 이루는 그 모든 것들이 글을 쓰는 시간으로부터 왔다는 걸 잘 알아서 다시 힘껏 글쓰기를 지킬 수밖에 없었다. 그걸 잃으면 모두 잃어버릴 것 같아서. 마트에서 번 돈으로 생계를 꾸리고 글을 쓰면서 그 시절 아빠가 지키고 싶었던 건 무엇이었을지 생각해본다. 그건 아빠의 꿈이었을까, 희망이었을까, 아니면 욕심이었을까.

아빠를 닮은 나를 오랫동안 미워했다. 하고 싶은 일에 대한 집착 혹은 오기. 절대 물려받고 싶지 않았던 그 모습을 기어코 되풀이하는 내가 싫었다. 하지만 마트 안과 밖을 수없이 들락거리며 깨달았다. 뒤집어 생각하면 그건, 지키고 싶은 건 어떻게든 지켜내고야 마는 힘이기도 했다. 아빠는 아빠가 사랑하는 모든 것을 지키고 싶었을 것이다. 내가 그랬던 것처럼.

하고 싶은 일과 해야 하는 일이 정확히 포개지는 건 기적에 가까운 사건인 것 같다. 여전히 기적을 바라고 기다리지만 그런 행운이 사는 내내 찾아오지 않는다고 해도 괜찮다. 내가 글쓰기를 지키기 위해 애쓰는 만큼 글쓰기 역시 최선을 다해 나를 지킬 거라는 믿음이 이제는 있다. 시간을 되돌려 열여덟의 나를 다시 만날 수 있다면 이렇게 말해주고 싶다. 너는 미술감독도, 직업이 한 개인 사람도 되지 못할 거야. 그렇지만 그보다 훨씬 소중한 일을 만나게 될 거야. 스스로를 너무 미워하지 말고 지키고 싶은 걸 지켜. 그건 네가 제일 잘하는 일이니까.

사직서를 쓰는 마음

"언니, 요즘 좀 이상하지 않아? 미친놈이 왜 이렇게 많지?"

"내 말이, 살풀이를 해야 되나……. 아까도 봤지? 나 열 받아서 확 돌아버리는 줄 알았잖아."

출근하자마자 뭔가 심상치 않은 분위기를 감지했다. 느낌이 왔다. 이건 분명 오늘의 휴게실 핫 토픽 1순위 사건이다. 오늘따라 유독 거추장스럽게 느껴지는 시음대를 대충 세워놓고 맞은편 모기향 언니들의 대화에 잽싸게 끼어들었다.

"왜요, 왜요? 뭔데요?"

주말에만 나오는 모기향 언니들은 나보다 일찍 출근한다. 후방에서 시음대를 끌고 나와 자리에 도착하면 제일 먼저 언니들과 인사하며 하루를 시작한다. 오늘 장사는 어떤지, 오전에는 손님이 좀 있었는지. 얼핏 보기엔 실없는 잡담 같아도 이 대화를 통해 여러 정보를 얻는다. 오늘은 한우 반값 할인 행사 때문에 아침부터 사람이 바글바글했으니까 저녁 피크 때까지는 한적하겠네. 이따 두 시에 본사 부사장 방문 예정이라니까 책잡히지 않게 조심해야지. 오후에 출근해 오전 상황을 모르는 나에게 이런 정보들은 제법 유용하다. 물론 그보다 좋은 건 애교스럽게 웃으며 나를 반겨주는 언니들의 다정한 마중이지만(에프킬라 언니는 언제나 양손을 흔들며 인사하는데 그 모습이 너무나 사랑스럽다).

　그런데 오늘은 달랐다. 벌게진 얼굴로 울분을 터뜨리는 홈매트 언니에게 들은 사건의 전말은 이랬다. 약 30분 전, 50대 중반쯤으로 보이는 한 손님이 모기향 매대 앞에서 한참을 서성거렸다. 언니들이 근무하는 행사 매대에는 일부 제품만 진열되어 있어서 종종 원하는 걸 찾지 못하고 헤매는 사람들이 있다. 이번에도 그런 줄 알았던 언니가 그에게 다가가 말을 붙였다.

　"고객님, 혹시 찾는 제품 있으세요? 지금 보고 계시는 건 리퀴드 타입인데 쿠폰 있어서 할인도 많이 돼요."

그리고 돌아온 건 매서운 호통이었다.

"에이씨, 아줌마! 내가 글씨도 못 읽는 줄 알아?"

한참을 씩씩대던 손님은 그러고도 분이 풀리지 않는지 매대를 툭 치고 지나갔다. 지금 내가 무슨 얘기를 듣고 있는 거지? 언니가 말하는 내내 "헐……"과 "진짜요?"라는 말만 되풀이했다. 도대체 그는 어떤 포인트에서 그렇게까지 화가 났던 걸까? 그건 모르겠고 진상 손님이 짜증나는 가장 중요한 포인트는 바로 이것이다. 지나간 일을 자꾸 곱씹게 만든다는 것. 하늘에서 떨어진 날벼락을 맞고도 혹시 내가 뭘 잘못하지는 않았을까, 표출하지 못한 분노를 끝내 자책으로 바뀌게 한다는 것.

그러고 보니 확실히 요즘 매장 분위기가 달라지긴 했다. 작년에도 이곳에서 근무했는데 그때는 별로 없었던 진상 손님이 확연히 늘었다. 얼마 전에는 이런 일도 있었다. 인스턴트 커피를 파는 내게 젊은 손님이 다가와 다 마신 테이크아웃 컵을 내밀었다. 뭐지? 버려달라는 건가? 쓰레기통은 저기 앞에 있는데……. 의도를 파악하기도 전에 그가 생긋 웃으며 말했다.

"저기요, 이거 리필해주세요!"

네?
뭐라고요?
리필이요?
이걸요?
제가요……?

머릿속에 떠오르는 말들 중 입 밖에 낼 수 있는 건 하나도 없었다. 빈 잔을 내미는 손이 너무 당당해서 당황스러웠다. 마치 카페에서 음료를 주문하는 상황으로 착각할 만큼. 얼음밖에 남지 않은 잔에 시음용 커피를 따르며 생각했다. 그래, 이건 더러워서 피하는 거야. 안 된다고 거절하면 분명 고객의 소리에 컴플레인 올리겠지. 그러면 더 귀찮아지니까 그냥 해주자……. 그 손님은 가득 채워진 잔을 들고 흡족한 표정으로 라면을 고르는 남편에게 갔다. 진짬뽕과 짜파게티를 품에 안고 있는 그의 말은 내게 또 다른 충격을 안겨주었다.
"와! 이제 여기서 리필하면 되겠다!"
진상의 레퍼토리는 어쩌면 이렇게도 다채로운지. 하

루에도 몇 번씩 뒷목을 잡게 만드는 사람들을 상대하다 보니 인간이 싫어졌다. 세상에는 왜 이렇게 이상한 사람이 많을까. 사실 나도 알고 보면 이상한 사람일지도 모르지. 그들과 같은 인간이라는 이유로 나 자신까지 싫어질 지경이었다.

일요일 근무를 마치고 돌아온 어느 밤. 몸은 피곤한데 이상하게 잠이 오지 않아 다시 불을 켜고 일기장을 펼쳤다. 하루하루 열심히 살고 있는데 왜 점점 나쁜 쪽으로 가고 있는 느낌이 들까? 불평, 불만, 불안, 불신……. 내 안에 그런 것들만 가득해서 좋은 마음이 끼어들 자리가 없는 것 같았다. 그러다 문득 좋아하는 유튜버가 했던 말이 떠올랐다. 삶에 회의감이 들 때는 감사 일기를 써 보라고. 뻔한 소리 같지만 어떤 상황에서든 감사한 일이 하나쯤은 있다고. 세상에, 감사 일기라니! 나는 결코 그런 걸 쓰는 사람이 아니다. 데스노트라면 몰라도…….

그래도 한번 해보기로 했다. 성공한 사람들(그러고 보니 그 유튜버도 결국 실버 버튼을 받았다……!)은 감사 일기를 쓴다고 하니까. 지금 당장 감사한 걸 딱 세 개만 써볼까? 일단 몸이 건강하고, 가족들과 친구들도 무탈하고. 음, 그리고 또…….

다음 주에도 출근할 곳이 있다는 것.

뭐야, 진심이야?

놀랍게도 그랬다. 비록 근무하는 동안에는 분노와 환멸만 가득하지만 그럼에도 이 자리가 있어서 가능한 것들이 많았다. 4대 사회보험에 가입했고, 정규직과 아르바이트 사이 애매한 지점에 있어서 적당히 일하며 글도 쓸 수 있고, 텃세 없이 두루두루 친하게 지내는 매장 분위기도 좋고, 정해진 시간에 출퇴근하며 생활 리듬도 관리할 수 있으니 지금 내 상황에 더없이 알맞은 자리였다. 그래, 생각해보면 좋은 점도 많은데. 최근 부쩍 늘어난 진상 손님만 생각하느라 그걸 잊고 있었네.

다음 주에 출근하면 손님들에게 조금 더 친절해야지. 언니들이 다시 힘을 낼 수 있게 응원도 해줘야지. 어차피 할 일이라면 즐겁게 하는 게 나한테도 좋을 테니까. 이게 바로 모두가 입을 모아 말하는 감사 일기의 위력일까? 순식간에 삶의 방향이 좋은 쪽으로 전환된 것 같았다.

그리고 다시 금요일. 지난주보다 한결 가벼운 마음으로 출근했다. 퉁명스러운 손님에게도 웃으며 커피를 권하는 나를 보고 비빔면 언니가 물었다. "자기 오늘 뭐 좋은 일

있어?" 좋은 일은 없는데 좋아지고 싶어서요. 언니에게도 아이스커피를 한 잔 건네며 마음속으로 생각했다.

매니저가 찾아온 건 쉬는 시간 30분 전이었다.
"우리 어디 가서 잠깐 얘기 좀 할까요?"
그와 함께 향한 곳은 매장 입구에 있는 테이크아웃 카페였다. 리필을 요구했던 손님이 커피를 산 바로 그곳이었다. 습관처럼 아이스 아메리카노를 고르자 매니저가 손사래를 치며 말했다.
"에이, 그거 말고 비싼 거! 비싼 거 마셔요. 내가 사주고 싶어서 그래."
계산대 옆에서 자몽에이드와 딸기스무디를 기다리는 동안 어색한 정적이 흘렀다. 빨대 두 개를 미리 챙기는 내게 매니저가 슬쩍 물었다.
"출근 안 하는 날은 뭐 해요?"
"음…… 글 써요. 책을 몇 권 냈는데 그걸로 생활하긴 무리라서 일하는 거예요."
"와, 투잡이구나? 능력 있네! 다행이다."
뭐가 다행이라는 건지 생각할 겨를도 없이 주문한 음료가 바로 나왔다. 푸드코트 테이블에 자리를 잡고 앉아 빨대를 뜯는데 문득 불길한 예감이 들었다.

"사실 전할 얘기가 있어서 왔어요."

나쁜 예감은 양궁 국가대표 선수들의 화살처럼 빗나가는 법이 없다. 어디서 날아왔는지 모를 화살 하나가 과녁의 정중앙에 꽂혔다.

그날 그렇게 해고 통보를 받았다.

사유는 매출 부진이었다. 이 매장은 가망이 없다고, 일단은 다른 사람을 써보겠지만 조만간 철수하게 될지도 모른다는 말이 이어졌다. 잘린다는 건 이런 기분이구나. 상상했던 것과 다르게 세상이 무너진 것 같지도, 인생이 끝난 것 같지도 않았다. 하긴, 애초에 그럴 만큼 높거나 안정적인 수입이 보장되는 자리도 아니었지. 아무리 그래도 왜 이렇게 덤덤하지. 정규직이 아니라서일까? 작가라는 직업이 있어서일까? 그렇지만 작가는 수입으로 보나 사회적 위치로 보나 직업이라기보다 상태에 가까운데……. 이 정도 일자리는 언제든 다시 구할 수 있다고 생각해서일까? 머릿속이 이런 생각으로 가득차서 매니저의 말에 집중이 되지 않았다. 마지막 근무까지 남은 시간은 한 달. 이사하면서 월세도 올랐고, 관리비랑 보험료도 내야 하는데 그 안에 다른 일자리를 구할 수 있을까? 구체적인 날짜를 헤아려보니 그제야 현실로 돌아온 듯 막막해졌다.

"매장 사람들한테는 본인이 그만두는 거라고 말하는 게 좋을 거예요. 그래야 다른 일 구하기도 더 낫고……."

미안해서인지 민망해서인지 말끝을 흐리는 매니저에게 다른 감정은 없었다. 이쪽도 저쪽도 모두 을의 입장. 어차피 이 사람도 중간에 끼인 처지인데 원망해봤자 달라질 건 없지. 이런 식으로 잘린 언니들을 아주 많이 봐왔다. 이제 내 차례가 왔을 뿐이었다. 음료를 다 마셔야 이 상황이 끝나겠지? 머리가 아플 만큼 달기만 한 자몽에이드를 벌컥벌컥 들이켜다가 전부터 궁금했던 걸 물었다.

"근데 팀장님은 어떻게 이 일을 시작하게 되셨어요?"

"나요? 나도 행사 하다가. 처음에는 행사였는데 나중에는 순회 돌았고…… 어쩌다 보니 여기 와 있더라고요."

"지금 일은 잘 맞으세요?"

"그런 것 같아요. 저는 영업이 적성에 맞아요."

언젠가 나도 저렇게 말할 수 있을까? 지금 하는 일이 나한테 잘 맞는다고, 길고 험난한 과정을 거쳐 도착한 여기가 제법 만족스럽다고. 그렇게 말하며 과거를 회상할 날이 나에게도 올까. 아직은 그림자조차 보이지 않는 너무 먼 미래 같았다.

"언니! 저 잘렸어요!"

매니저의 조언을 무시하고 나는 한 달 내내 동네방네 나팔을 불고 다녔다. 이런 식으로 사람을 자르는 회사의 치사함을 알리고 싶은 마음 반, 누군가 다른 자리를 연결해주었으면 하는 마음 반이었다. 그러나 그런 마음도 잠시. 마지막 근무일에 가까워질수록 이제 정말 떠나야 할 때라는 생각이 들었다. 마트 일은 이번까지만. 그래, 딱 여기까지만.

소식을 들은 언니들은 나보다 더 분노하며 나를 위로하기 바빴다. 다른 사람들의 위로보다 중년 여성들의 위로가 좋은 건 절대 말뿐만이 아니기 때문이다. S식품 미연 언니는 조금 멀어도 괜찮다면 고정 사원 자리를 연결해주겠다고 제안했다. 진심인지 내 연락처를 받아두는 것도 잊지 않았다.

"고정은 함부로 자르지도 못하고 괜찮다니까. 나는 주 4일만 나와서 월급이 적은데 자기는 젊고 건강하잖아. 5일 출근하면 뗄 거 다 떼고 이백만 원은 들어올 거야. 생각 있으면 꼭 연락해."

반면 나와 동갑인 딸이 있는 D식품 영선 언니는 처음으로 웃음기를 거두고 이렇게 말했다.

"이제 마트 일 그만해. 나는 알잖아, 이게 어떤 일인지. 젊은 사람이 여기 오래 있어서 뭐하게. 우리 딸도 재작년까지 여기서 알바 했거든? 그러다 그만두고 공부해서 똘똘한 직장 들어갔어. 다시 마트로 오지 말고 자기 가야 될 곳으로 가. 여기 있기엔 젊음이 아까워."

그리고 그 사이에 은실 언니가 있었다. 우리 엄마처럼 마트에 직접 고용되어 있지만 승진 체계에서도, 연봉 협상에서도 제외된 언니는 그럼에도 누구보다 열심히 일하는 사람이었다. 마지막 근무 하루 전, 언니와 함께 저녁을 먹었다.

"나 내일 휴무거든. 우리 오늘이 마지막이네."

밥 한번 먹자는 말을 몇 번이나 했는데 이제야 자리를 만든다면서 언니는 나를 데리고 2층으로 올라갔다. 이 매장에서 꽤 오래 일했는데 언니 덕분에 처음으로 직원 식당 밥을 먹었다. 식당 밥은 맛이 없기로 소문이 자자해서 그동안은 늘 도시락을 싸 오거나 푸드코트에서 저녁을 먹었다.

언니는 식권을 세 장이나 써서 달걀 프라이에 비엔나소시지까지 추가로 주문했다. 밥은 역시 소문대로 맛이 없었다. 분명 맛이 없었는데, 그 어느 때보다 든든하게 허기가 채워지는 느낌이 들었다.

식사 후, 지갑을 꺼내려는 내 손을 뿌리치며 기어코 커피까지 산 언니와 푸드코트 테이블에 마주 앉았다. 한 달 전 해고 통보를 받았던 그 자리 바로 옆이었다. 한참을 머뭇거리던 언니가 천천히 이야기를 시작했다.

"있잖아, 우리 딸은 태어나서 알바 한 번 안 해봤다? 그래서 나는 자기가 그렇게 기특하고 예쁜 거야. 싹싹하지, 일 잘하지. 집에 가서 우리 딸한테도 얘기했잖아. 괜찮으면 여기 한번 지원해봐. 솔직히 일이 힘들어서 막 추천은 못 하겠는데…… 그래도 마트 소속이고 젊은 사람들은 정규직 전환도 꽤 되는 것 같더라고."

그러나 아무 대답도 하지 못했다. 내가 입을 열기도 전에 언니가 다시 말했기 때문이다.

"에이, 아니다! 자기 여기 오지 마. 아직 하나도 안 늦었으니까 공부를 하든 기술을 배우든 해서 좋은 회사 들어가!"

방금 전까지만 해도 조금 울 것 같았는데, 그 말을 들으니 웃음이 터졌다.

"언니 마음이 딱 제 마음이에요."

마지막 근무일에는 반가운 얼굴을 마주쳤다. 이 업체에서 일하며 처음 생긴 단골손님이었다. 언제나 나를 '매니저님'이라고 부르며 깍듯하게 대해주었던 분이라서 꼭 인사하고 싶었는데. 반갑고 아쉬운 마음을 담아 오늘이 마지막 근무라는 소식을 전했다. 잘렸다는 말은 차마 하지 못했다. 더 좋은 곳에 가려고, 본격적으로 이직 준비를 하려고 그만두는 거라고. 준비한 적도 없는 거짓말이 술술 나왔다. 그동안 감사했다고 인사하니 손님이 손을 내밀었다. 마트에서 10년 넘게 구르니 손님이랑 악수도 해보네. 항상 시음용 커피만 주고받았는데. 처음으로 종이컵 없이 손과 손이 만났다.

그리고 잠시 뒤, 그 손님이 다시 나타나 내 앞에 불쑥 쇼핑백을 내밀었다.

"작별 선물. 이직 준비하면서 써요. 손 트지 말고."

쇼핑백 안에는 핸드크림이 들어 있었다. 아까 악수할 때 내 손이 까칠했구나. 이직 준비를 5년 동안 해도 다 쓰지 못할 만큼 커다란 핸드크림이라서 웃음이 나왔다.

"감사합니다. 건강하세요."

유유히 사라지는 손님의 뒷모습을 바라보다가 시음대 아래에 핸드크림을 넣었다. 나 이제 진짜 감사한데. 이건 억지로 하는 감사 아니고 진심인데. 언니들도 다 좋고, 생활비 벌면서 글 쓸 수 있는 것도 좋고, 지랄 맞은 손님도 많지만 이렇게 다정한 손님도 있어서 좋았는데…….

이제 그게 다 무슨 소용이야. 어차피 잘렸는데.

사물함에 있던 짐은 단출했다. 휴대용 칫솔 세트와 작은 파우치 하나, 간식으로 먹으려고 가져다 놓은 두유 몇 팩이 전부였다. 핸드크림이 들어 있던 쇼핑백에 모두 넣을 수 있었다. 여기까지 장을 보러 올 일은 없을 테니까 다시 일하러 오지 않는다면 이번이 정말 마지막이겠지. 그렇게 생각하니 기분이 묘했다. 행사 직원들이 모여 있는 채팅방에 마지막 매출 보고를 올리고 매장을 빠져나왔다. 사직서는 곧 전자 계약서로 도착할 것이었다. 모든 게 쉽고 빨랐다.

처서가 지난 지 한참인데 여전히 한여름처럼 뜨거운 밤이었다. 발걸음이 무거운 게 덥고 습한 공기 때문인지, 얼떨결에 백수가 되어서인지 헷갈렸다. 땀을 뻘뻘 흘리며 지하철역을 향해 걸었다. 그러면서 생각했다. 오늘 밤에는 아무것도 쓰지 말고 자야지. 감사 일기도, 데스노트도. 대신 내일 아침에 일어나서 다른 걸 써야지. 해야 하는 일은 잠시 뒤로 미뤄두고, 앞으로 하고 싶은 일과 할 수 있는 일을 생각해야지.

매미 소리 대신 들리는 귀뚜라미 소리만 여름이 천천히 물러나고 있다는 걸 알려주는 것 같았다. 나는 지금 어디를 지나고 있는 걸까? 언젠가 다시 돌아봤을 때 이 밤은 물러나는 중으로 기억될까, 나아가는 중으로 기억될까.

마지막 근무가 끝났다.
한 시절이 끝났다는 느낌은 들지 않았다. 다만 오늘 하루가 끝난 것만은 분명했다.

에필로그   **우리 이야기**

어린 시절 좋아했던 게임이 있다. '캐즘(chasm)'이라는 원제보다 '오리너구리의 모험'이라는 한국식 제목으로 더 널리 알려진 이 게임의 주인공은 똘망똘망한 눈을 가진 조그맣고 가련한 오리너구리 '조(Joe)'다. 조가 사는 마을에서는 물이 그 무엇보다 중요하다. 오직 수력 발전을 통해서만 전기를 얻고 사과나무도 키워야 하기 때문이다. 그런데 어느 날, 낙석으로 인해 마을에 물을 공급하는 파이프가 부서지는 사고가 일어난다. 물이 끊겨 위기에 빠진 마을을 구하기 위해 조는 상수도 공급 시설이 있는 머나먼 협곡으로 모험을 떠난다.

게임의 조작법은 아주 간단하다. 플레이어는 그저 화면을 클릭해 조가 가야 할 방향을 선택하기만 하면 된다. 가끔 정체를 알 수 없는 기계를 조작하는 이벤트가 발생하기도 하지만 그런 일이 많지는 않다. 미로처럼 복잡한 상수도 공급 시설 여기저기를 헤매고 다니며 어디로 갈지 계속 고민하는 것. 그게 이 게임의 전부다.

이렇게 말하면 시시해 보이지만 사실 이 게임은 극악무도한 난이도로 악명이 높다. 길을 잘못 찾으면 되돌아가야 하는데 건넜던 다리가 끊겨 있거나 왔던 길이 물에 차 막히기도 한다. 어떤 구간에서는 파이프에서 쏟아지는 물보다 빠르게 마우스를 움직여 올바른 방향을 찾아야 한다. 때로는 주인공 조가 화면 밖으로 사라져 게임을 진행할 수 없는 난감한 상황이 펼쳐지기도 한다. 게임 전반에 흐르는 쓸쓸한 분위기와 이국적인 그림체에 매료되어 수백 번은 플레이했는데 단 한 번도 엔딩을 보지 못했다. 불쌍한 조는 길을 잃고 같은 자리를 하염없이 맴돌았고, 나를 포함해 전국의 수많은 초등학생들은 컴퓨터 앞에서 머리를 쥐어뜯으며 괴로워했다.

마트 일을 하는 내내 나는 한 마리의 오리너구리였다.

출구를 찾아 얼른 이곳에서 벗어나고 싶은데 어째서인지 내 선택은 나를 계속 마트 안에 가둬두었다. 잠시도 쉬지 않고 종종거리며 돌아다니지만 결국 제자리인 조처럼 나 역시 온갖 것들을 팔며 마트라는 세계를 빙글빙글 맴돌았다. 클릭, 클릭. 방향을 선택할 때마다 내 손에 들려 있는 제품이 달라졌다. 커피에서 파인애플로, 파인애플에서 맥주로, 맥주에서 위스키로, 위스키에서 냉동 피자로……. 하지만 정말로 달라진 건 아무것도 없었다. 마트에서의 하루하루는 차곡차곡 쌓이는 것이 아니라 낱낱이 흩어지는 방식으로 흘러갔다. 오늘 처음 근무를 시작한 신입이 10년차 경력직보다 더 높은 일당을 받기도 하는 이 이상한 세계에서 앞으로 나아가는 느낌을 기대하기란 어려웠다. 그렇다면 나는 어디로 가고 있는 걸까? 그게 늘 궁금했다.

조는 망가진 상수도 시설을 복구해 마을에 다시 물을 공급하겠다는 목표를 가지고 모험을 계속한다. 나의 목표는 언제나 책이었다. 글을 써서 책을 내는 것. 책을 통해 내 이야기를 하는 것. 민들레 홀씨처럼 흩날리는 마트 일과 다르게 글은 쓰면 쓸수록 정직하게 쌓였다. 그 무게를 감각하는 순간이 좋았다. 마트에서 일하는 동안 일곱 권의 책을 냈다. 마트가 아닌 다른 곳이었다면 불가능했을 것이다.

마트 일에 대한 내 마음은 언제나 양가적이었다. 출퇴근 말고는 아무것도 할 수 없도록 내가 가진 몸과 마음의 에너지를 바닥까지 쪽쪽 빨아먹었던 일들과 다르게 마트 일은 글을 쓰고 책을 만들 수 있는 여유를 주었다. 그게 고맙다가도 한 번씩 허탈해졌다. 그런 여유가 가능한 이유는 이 일이 하나의 직업으로 인정받을 만큼 안정적이지 못하기 때문이라는 것을 매 순간 실감했다. 일곱 권의 책을 쓰는 동안 나는 20대를 지나 30대 중반이 되었다. 그리고 뒤늦게 깨달았다. 생활이 흔들리는 순간 꿈은 찬란하게 빛나기를 멈추고 거추장스러운 짐이 되어버린다는 사실을.

마트에서 만난 언니들은 하나같이 나를 마트 밖으로 내보내지 못해 안달이었다. "아직 젊은 아가씨가 왜 여기 있어? 기회 있을 때 다른 길을 찾아야지." 또 다른 마트 언니인 엄마 역시 마찬가지였다. "너 그러다 나중에 후회해. 그놈의 마트 일도 글쓰기도 이제 그만하고 더 늦기 전에 제대로 취직해." 그런 말들은 애정 어린 잔소리처럼 들리기도, 경고에 가까운 충고처럼 들리기도 했다. 하지만 어느 순간 알게 되었다. 그건 나에게 하는 말이라기보다 과거의 자신에게 하는 말에 더 가까웠다는 것을.

언니들이 나를 내보내려고 할수록 나는 온 힘을 다해 그 옆에 찰싹 붙어 있었다. 나이 지긋한 언니들 틈에서 세상 물정 모르는 막내로 지내며 보고 듣고 느낀 것들을 작은 수첩에 빼곡하게 기록했다. 이상했다. 나에게 책이란 언제나 나의 이야기를 하기 위한 수단이었는데, 처음으로 내가 아닌 다른 사람들에 대해 이야기하고 싶어졌다. 무엇이 이런 변화를 만들었는지 고민하는 일이 이번 책을 작업하는 동안의 가장 큰 화두였다.

더워도 너무 더웠던 어느 여름날, 잠시 땀을 식히러 들어갔던 냉장창고에서 유제품 담당 정희 언니와 나눴던 대화가 생각난다. 한참을 머뭇거리다 입을 뗀 정희 언니는 명문대를 졸업한 딸이 친구들처럼 대기업에 지원하지 않고 방송 작가가 되겠다고 해서 고민이라며 나에게 조언을 구했다. 북토크 일정 때문에 주말 근무를 하루 빠져야 해서 짝꿍 언니들에게만 작가로 활동한다는 걸 말했는데 벌써 소문이 퍼진 모양이었다. 기나긴 고민 상담 끝에 언니는 내게 무슨 글을 쓰냐고 물었다. 마트에서 일하는 사람들에 대한 이야기를 쓰고 있다고 대답하니 언니가 또 한참 뜸을 들이다 말했다.

"그래, 자기가 우리 이야기 좀 써줘. 써서 사람들한테

꼭 알려줘."

언니는 증정용 요구르트 하나를 내 앞치마 주머니에 몰래 넣어주고 창고를 빠져나갔다. 언젠가 좋아한다고 말했던 사과 맛 요구르트였다.

언니가 말했던 우리 이야기는 뭐였을까.
언니가 말한 사람들은 누구였을까.

하얗게 빛나는 모니터 앞에서 한 글자도 쓸 수 없을 것 같은 막막함에 사로잡힐 때면 언니가 했던 말을 떠올렸다. 그날 마셨던 사과 맛 요구르트와 내 어깨를 토닥이던 언니의 손길이 꼭 미리 받은 책값 같아서 어떻게든 이 책을 완성하고 싶었다. 언니가 나를 통해 어떤 이야기를 하고 싶었을지 생각하다 보면 내가 하고 싶은 이야기가 떠올랐다. 그 둘이 크게 다르지 않았기에 계속해서 마트 이야기를 쓸 수 있었다.

이 글을 쓰며 기억 속에서 사라져가던 '오리너구리의 모험'을 다시 플레이했다. 어른이 되었어도 여전히 어려운 게임이었다. 길을 잃고 같은 구간을 빙글빙글 돌기만 하는 조를 바라보다가 문득 이상한 오기가 생겼다. 이번에는 기필코 이 게임의 엔딩을 봐야 할 것 같았다. 누구의 도움도 없이 스스로의 힘으로. 클릭, 클릭. 방향을 선택할 때마다 이쪽이 맞는지 끊임없이 의심이 들었다. 한밤중에 시작한 게임은 새벽 내내 이어져 동틀 무렵이 되어서야 끝났다. 노트를 펼쳐 메모까지 해가며 수없이 시도한 끝에 마침내 미로 같은 상수도 공급 시설에서 탈출했다. 20년 만에 처음으로 본 조의 웃는 얼굴은 아주 귀여웠다.

요즘은 오직 손님으로만 마트에 간다. 해고 통보를 받았다는 사실을 여기저기 알리고 다닌 덕분에 몇몇 업체에서 제안이 오기도 했지만 모두 거절했다. 글쓰기는 여전히 내 삶을 책임지지 못하고, 그래서 다시 새로운 일을 구하고 있다. 하지만 마트로 돌아가지는 않기로 했다. 20년 만에 상수도 공급 시설을 빠져나온 나의 조처럼 한참을 돌고 돌아 마트라는 세계를 완전히 빠져나왔다. 비록 내 의지는 아니었을지라도.

"너 그러다 나중에 후회해."

엄마는 그렇게 말했지만 마트에서 보낸 시간을 후회라는 말로 설명하고 싶지는 않다. 이 매장 저 매장을 떠돌며 온갖 것들을 파는 동안 나는 지금의 내가 되었다. 오직 내 이야기만 하고 싶었던 시절을 지나 우리 이야기를 할 수 있게 되었다. 마트가 내게 준 것과 끝끝내 주지 않았던 것들을 기억하며 이제 다른 방향으로 가보려고 한다. 꿈이 짐이 되지 않는 곳으로. 오리너구리의 모험은 끝났지만 나의 모험은 계속될 것이다.

　과거의 내가 선택했던 길과 그곳에서 만난 사람들에게 작별 인사를 건네는 마음으로 이 책을 썼다. 그 모든 일을 겪었음에도 여전히 마트를 사랑한다. 최고의 산책 코스이자 놀이 시설, 언제나 누구에게나 활짝 열려 있는 도시인의 친구 대형 마트를. 이 사랑이 계속될 수 있도록 마트가 남아 있는 사람들에게 조금 더 너그러운 공간이 되었으면 한다. 정희 언니가 말했던 우리 이야기가 무엇이었는지 이제야 비로소 알 것 같다. 그 이야기가 당신에게 잘 전해졌으면 좋겠다.

어쩌다 마트 일을 시작하게 됐어요?

초판 1쇄 인쇄 2025년 7월 1일
초판 1쇄 발행 2025년 7월 9일

지은이 하현
펴낸이 최순영

출판1본부장 한수미
컬처 팀장 박혜미
편집 이문경
디자인 정명희
표지 그림 박새한

펴낸곳 ㈜위즈덤하우스 **출판등록** 2000년 5월 23일 제13-1071호
주소 서울특별시 마포구 양화로 19 합정오피스빌딩 17층
전화 02) 2179-5600 **홈페이지** www.wisdomhouse.co.kr

ⓒ 하현, 2025
ISBN 979-11-7171-450-6 03810

- 이 책의 전부 또는 일부 내용을 재사용하려면 반드시 사전에 저작권자와 ㈜위즈덤하우스의 동의를 받아야 합니다.
- 인쇄·제작 및 유통상의 파본 도서는 구입하신 서점에서 바꿔드립니다.
- 책값은 뒤표지에 있습니다.